実話凶忌録
腐屍の書

伊隅桂馬

竹書房
怪談
文庫

目次

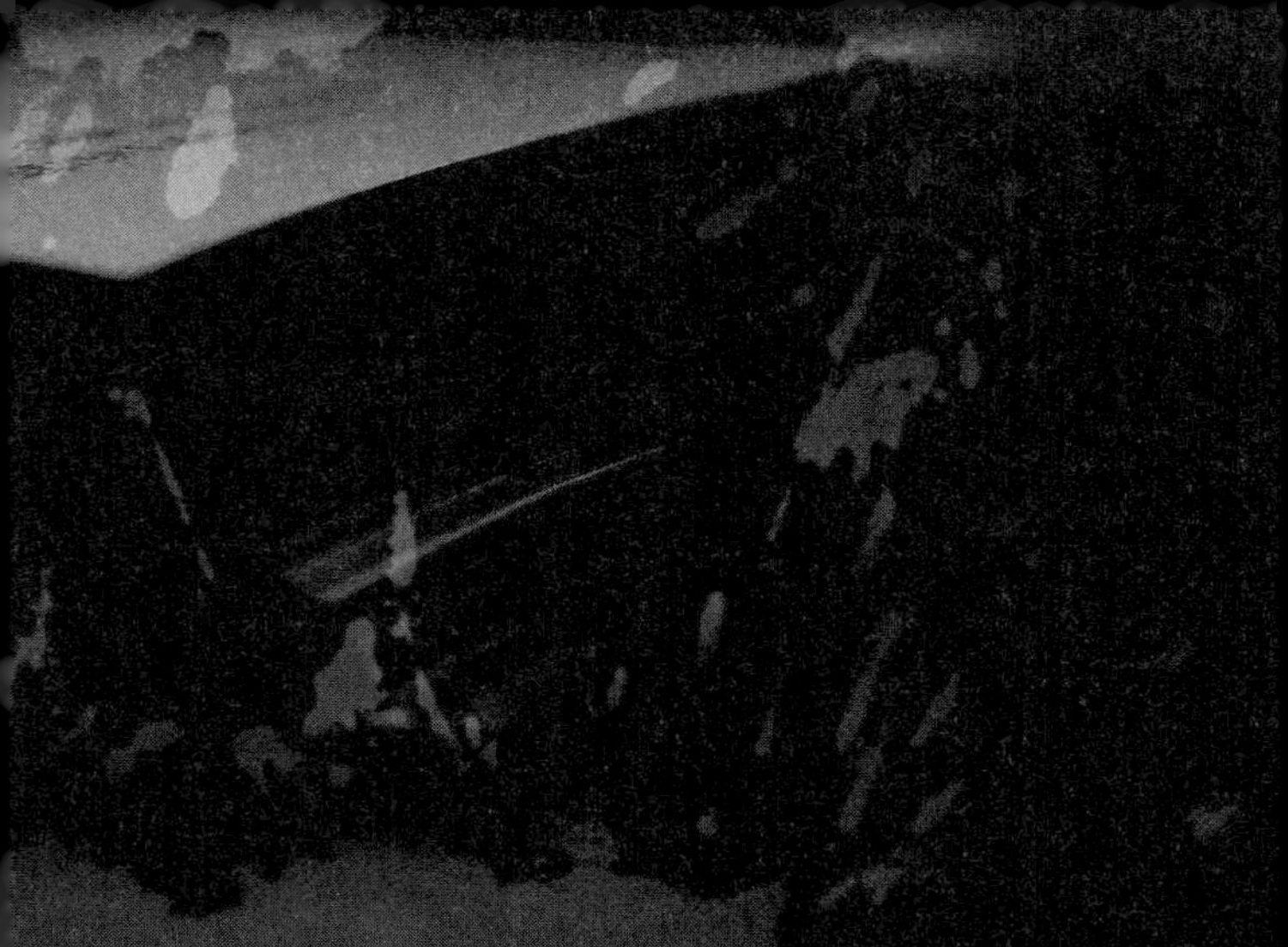

監視者

「俺さ、まだ小さかった頃から『拝み屋になれ』って、ずっと言われていたんだ」

とある会合で知り合った杉田さんが、酒に酔って語り始めた話である。

いまでこそ彼は、都内にある大手印刷会社の重役に収まっているが、少年期は東北地方の小さな村落で過ごしてきたそうだ。

聞くと、彼の実家は地元で代々続いた〈祈祷師〉の家系なのだという。

「両親はそれほどでもなかったけど、とにかくうちの婆さんがご執心でさ。『お前には拝み屋の素質がある』って言ってね」

幼少の頃は、先祖代々の家業を継ぐのは正しいことだと感じ、その気になっていた。

祖母を頼ってくる依頼人は多く、感謝されているようにも思えたからだ。

が、長く祖母の仕事ぶりを見ているうちに、少しずつ考え方が変わってきた。

有体に言うと（婆さん、人を騙してないか？）と、疑うようになったのである。

例えば、依頼者の頭上を指さし『悪霊が憑いている』と脅したり、誰も知らない先祖の名前を持ち出して『供養が足りない』などと、お祓いを強要したりもする。長ずるに従い、そういった行為を胡散臭く感じるようになった。

「子供って、正義心が強いからさ、婆さんのやっていることが段々許せなくなってきたんだ。ただ、いま考えると……婆さんは拝み屋稼業の裏側を、わざと俺に見せつけていたような気もするんだ」

祈祷業の上面だけを見たなら、杉田さんもさほど疑念を抱かなかっただろう。

だが祖母は、この仕事の胡乱《うろん》さも包み隠さずに晒したのである。

もしかしたら祖母は、跡目を継承するべきかどうか、その判断を孫に託していたのかもしれない。


小学四年生になった年のこと。

夕方に祖母が「これから隣町に行くから、車に乗りなさい」と言い出した。

当時の祖母は壮健で、加持祈祷の依頼があれば自ら出向くこともあったという。

ただ、出張に杉田さんを同行させるのは、そのときが初めてだった。

隣町は小さな山を越えた山裾にあり、車なら一時間と掛からない。

雑木に囲まれた山道を上ると、山頂付近で急に見晴らしが良くなった。

そこから先は、緩やかな勾配が続いている。

ふと山間に視線を移すと、夕日に染まった隣町の家並みを一望することができた。

だが、――その町の眺望に違和感を覚えた。

隣町の其処彼処に、見慣れない真っ黒な柱が何本も建っている。

最初は電柱かと思ったが、どうも違う。

その黒い柱は、明らかに普通の電柱よりも背が高かった。

元々、隣町にはビルと呼べるほどの建物が少なく、四、五階建てのアパートが数棟、所々に点在しているだけである。

が、いま隣町に屹立している黒い柱は、電柱どころかどの建物よりも高いのだ。

（あの棒みたいな黒いの、何だろう？　前に来たとき、あんなの無かったけど……）

気になった杉田さんは、町中に建っている柱を凝視した。

すると――その柱が〈ぐにゃり〉と曲がった。

曲がったのは柱の全体ではなく、一部分だけ。

頂点から八分の一、人体で例えると凡《およ》そ首の辺りが折れ曲がったのである。

（えっ……？）

傾いだ柱の上端部が、ゆっくりと左右に振れ始めた。

ときには背後を振り返るように、上端部が大きく捻れ、うねり動いていた。

それも、市街地に屹立する黒い柱のすべてが、一斉に蠢《うごめ》き始めたのである。

――それは、まるで黒い柱が隣町全体を監視しているかのような光景だった。

「……婆ちゃん、あれは何？　何で、あんなのがいるの？」

杉田さんが問うと、祖母は隣町を一瞥して、こんなことを言った。

「あんた、あれが視《み》えるんだね。やはり、私が見込んだとおりだよ」

前歯の欠けた口元を綻ばせて、祖母は嬉しそうに笑った。


「でも結局、拝み屋は継がなかったよ。確かに俺は素質があったのかもしれないけど、あんな気味悪いもんを見なきゃならないなんて……まっぴら御免だからさ」

高校卒業後、杉田さんは東京の大学に進学し、そのまま都内で就職したのだという。

祖母は大層残念がったが、孫の判断を尊重してくれた。


数年後、祖母は鬼籍に入り、代々続いた〈拝み屋稼業〉はそこで廃れた。

山姫

先日、知り合いの佳子さんから、話をひとつ教えて貰った。
彼女自身の体験談ではなく、当時まだ健在だった祖父から聞いた話なのだという。
聞くと、彼女の祖父はとある地方の山林で、林業を営んでいたそうだ。

生前、佳子さんの祖父は、警察からの要請で遭難者の捜索に加わっていた。
年に一、二度ほどだが、県内の山中で遭難する登山者があった。
その捜索には地元の警察以外に、レスキュー隊も出動していたという。
だが、救助専門の部隊とは言え、彼らが県内全域の山に精通している訳でもない。
そのため、警察は山の地形に知悉《ちしつ》した、地元住民に協力を仰ぐのである。
長年、林業を営んできた祖父は、捜索隊の中でも一目置かれる存在だった。
そんな祖父が、一度だけこんなことを言っていた。
「いまだ、山のごどはよぐわがらんね」
佳子さんが聞くと、それは遭難者の捜索での話なのだという。

例えば、こんなことがあったという。

ある年の秋口に、祖父は県警から捜索隊への参加要請を受けた。

状況を問うと、入山した二名の登山者のうち、ひとりが崖から転落したらしい。

同行した登山者の証言から、滑落者の落下地点は凡そ推測されている。

案内役を頼まれた祖父が、捜索隊を先導して崖下に行ってみると——

遺体が、ふたつあった。

片方は通報を受けていた登山者のものだが、もうひとりは誰だかわからない。

しかも奇妙なことに、発見されたふたつの遺体は、互いに手を繋いでいたのである。

それはまるで、仲睦まじい恋人が一緒に埋葬されたかのような光景だった。

腐敗の状況から、もうひとつの遺体はさほど年月が経っていないことが知れた。

警察が調べた結果、それは数ヵ月前に単身で山に入った登山者だったという。

と同時に、ふたりが生前まったく無関係であったことも確認された。

だが、祖父に言わせると、手を繋ぎ合った状態の遺体が見つかるのは、それほど珍しいことでもないらしい。

「そりゃあ、おめぇ……これまで、一番おどろいだのは」

とある遭難者の捜索で見つけたひとりの遺体が、別の遺体を両腕で抱いていたことがあった。

それは所謂《いわゆる》、〈お姫様だっこ〉の姿勢だったのである。

だが、抱かれているほうの遺体はグズグズに腐っており、どうやったらこんな体勢になり得るのか、誰にも見当がつかなかった。

もちろん、ふたつの遺体は何の因果関係もない、赤の他人同士だった。


因みに、祖父が言うには——

山の中にはやたらと滑落事故が起こる場所があるらしい。

ただ、その場所が特別足場の悪く、滑りやすい場所かと言うと、そうでもない。

一見、何の変哲もない山道なのだが、なぜか滑落する登山者が続出するのである。

そこで、祖父は地元の有志を募り、事故の多い山道に祠を建立することにした。

すると奇妙なことに、頻発していた事故がぴたりと止んだのである。

「あだなのは、祠さ置がねば……ずっと、引きづづげんだろなぁ」

忌まわしげに顔を顰《しか》めた祖父に、佳子さんはそれ以上の話を聞けなかったそうだ。

酒盛り

以前、沖縄でひとり旅をしていたときのこと。

夜、居酒屋で一杯やっていると、唐突に声を掛けられた。

「アンタ、内地の人《ないちゃー》？」

見ると、隣のカウンター席で初老の女性がニコニコと微笑んでいる。

沖縄の人の性分なのか、やたらと人懐っこい女性だった。

ひとりで呑むのにも飽きていたので、少しだけ話し相手を務めることにした。

女性は名を和子さんといい、毎夜を飲み過ごしている酒徒らしい。

もっとも、亡くなった夫が資産家だったので、飲み代に困ることはないのだという。

要するに彼女は、悠々自適な生活を送っている女性なのである。

「でも、彼氏が出来てからはね、店じゃ滅多に飲まなくなったのよ」

その彼氏というのは半ばホームレスのような男性で、定職を持たずに生活保護で暮らしているらしいが、彼女の話ぶりに悲壮感はまったく感じられない。

彼氏は決して裕福ではないが、困窮している訳でもない。

毎晩、同じ境遇の仲間と集っては、酒盛りを開く余裕があるというのである。

和子さんは、そんな酒盛りの席で彼氏と知り合ったらしい。

「あの人が『外で飲むほうが楽しい』って言うからさ、アタシもつき合って公園で飲むんだわ。でもね……公園は〈コレ〉が出るから、ほんとは嫌なのよ」

そう言うと、和子さんは胸の前で両手の甲をだらりと下げて見せた。

どうやら彼女は、公園での酒盛りに幽霊が出没すると言いたいらしい。

俄然興味が湧き、詳しく話して欲しいと頼んだ。


「他の人には見えないようだけど、幽霊なんて幾らでもいるよ。商店街にだってウヨウヨいるんだから。でもね、酒盛りに出てくる奴らは、ちょっとだけ危ないんだ」

彼女が言うには、公園に出現する幽霊は、他の場所のものと性格が違うらしい。

彼らは明確な目的を持って、人の近くに寄ってくると言うのである。

「アイツらさ、勝手に他人の酒を飲もうとするんだよ。それも、コップに口をつける瞬間を狙って……目敏く割り込んでくるんだよ」

幽霊たちはこぞって、人の手にある酒を飲もうとするらしい。

その姿は、まるで獲物に群がる獣のようだという。

黒い影にしか見えない霊が多いが、中には軍服を纏《まと》った者もいる。

そのどれもが陽炎《かげろう》のように輪郭が歪んで、酷く禍々しく見えるのだという。

「それにさ、幽霊に酒を飲まれる人って……大抵、早死にしちゃうんだよね。それも、沢山幽霊が群がっている人ほど、すぐ死んじゃうからさ」

ここ数年、公園での酒盛りに参加し続けてきたが、和子さんが知っているだけで四、五人の飲み仲間が亡くなっているのだという。

だが、それが本当だとすると、（なぜ彼女は平気なのか？）という疑問が残る。

聞いた限りでは、幽霊は和子さんの近くにも群がっているはずなのだ。

それについて訊ねると、彼女は目許を綻ばせて、こんなことを言った。

「アタシはさ、公園で飲むときは別のコップに酒を注いでおくんだよ。それを莫蓙《ござ》の前に置いておくと、幽霊はそっちに集まるからね。だから、他の連中にも真似をしろって言ってるんだけど、全然ダメだよ。そんなの酒が勿体ないって、聞きゃあしないんだ……たださぁ」

彼女は少し逡巡した様子で、言い掛けた言葉を途中で止めた。

そして、僅かに間を空けてから、手元のコップ酒を一気に飲み干した。

「アタシの彼氏には、なぜか幽霊が集まらないんだよ。だからさ、アタシはあの人に惚れたんだ。あの人なら、アタシを残して先に死ぬこともなさそうだし」

少し照れくさそうに微笑むと、彼女は勘定を払って席から立ち上がった。

聞くと、これから公園で彼氏と飲むのだという。

店内で見送った彼女の後姿は、心なしか少女のように華やいで見えた。

小遣い

知り合いの野田さんから、こんな体験談を聞かせて貰った。

いまから、十年ほど前の話だという。


「あぁ、そうだ。野田、お前に小遣いやろうか？」

雑談をしていると、唐突に旧友の中西さんが悪戯《いたずら》っぽい笑顔を浮かべた。

場所は中西さんが住んでいるマンションの、エレベーターの中。

久方ぶりに再会し、「うちに寄ってくれ」と誘われた途中でのことである。

「小遣いって何だよ？　お前、競馬でも当てたのか？」

野田さんが問うと、中西さんは爪先で床のマットを五センチほど捲ってみせた。

すると、そこには数枚の小銭が落ちていた。

「なっ、小遣いだろ？　いつもなんだよ」

そう言いながら、中西さんは拾い上げた小銭を手のひらに広げてみせた。

見ると、五円玉が一枚に、一円玉が四枚。

全部で十円にも満たないが、そもそもマットの裏に小銭があるのも奇妙だ。

「ほら、やるよ」と、中西さんが手のひらを突き出してくる。

特に断る理由もないので、野田さんは素直に受け取ることにした。

聞くと、そこのエレベーターでは、偶にマットの裏に小銭が落ちているらしい。

口ぶりから察するに、どうやら中西さんは毎回それを拾い集めているようだった。


その晩、自宅に戻った野田さんは、同居する母にその出来事を話してみた。

「九円？　アンタ、そんなの拾っちゃだめよ」

険しい表情を浮かべた母が、咎《とが》めるように言った。

母が言うには、その捨てられた小銭は〈願掛け〉なのだという。

九という数字は〈く〉とも読み、それは〈苦〉に通じる。

つまり、病気や災難に困窮した人々が、九円の小銭を捨てることで〈苦しみ〉から逃れようとする、一種のまじないだというのである。

「そんな金を拾ったら、他人の厄災を引き受けることになるよ」

母はそう言うと、野田さんが持っていた小銭入れを取り上げてしまった。

明朝、神社へ行って、賽銭箱に投げてくるつもりらしい。

（まぁ、母さんは信心深いから）
さほど興味も持てず、野田さんは母の思うようにさせた。

それから半年ほど経った頃。
別の友人から、中西さんの容体が悪いようだと聞いた。
ここ数年、自宅で療養を続けていたが、つい先日地方の病院に入院したらしい。
が、その頃は仕事が忙しく、野田さんは見舞いに行けなかった。
ある日のこと。
野田さんの元に、中西さんから一通の封筒が郵送されてきた。
封を開けてみると、綺麗な飾り櫛が入っている。
笹葉の透かし模様のある、端正に装飾された一品だった。
『亡くなった母が大切にしていたものだから、俺の形見分けと思って貰ってくれ』
同封された便箋に、筆圧の定まらない字でそう書かれていた。
（あいつ、もう長くないのか……）
病床に伏せる旧友に思いを馳せ、一抹の寂しさが胸を過《よぎ》った。
が、――何となく、引っ掛かるものもあった。

母の形見分けと書かれた中西さんの遺言が、どうもしっくりこないのだ。
第一、中西さんとのつき合いは古いが、形見を受け取るほどの仲でもない。
寧《むし》ろ最近は、疎遠だったと言えるぐらいだ。
「なんで、あいつが俺に形見を……?」と考えて、ハッとした。
櫛という言葉が〈苦〉と〈死〉に、言い換えられることに気がついたのである。
(そう言えば、中西の奴……俺に小銭を拾えと、やけに勧めていたな)
まさかとは思ったが、一旦疑念を抱くと確かめずにはいられない。
念のため、野田さんは以前つき合っていた旧友たちと、連絡を取ることにした。
すると、旧友のうち三人が、中西さんから同様の封筒を受け取っていた。
やはり中身は飾り櫛で、同封された便箋に「形見分け」と綴られていたという。
(これ……前に母さんが言っていた、苦と死から逃れる願掛けって奴だな)
野田さんは、旧友らに「その櫛は捨てたほうがいい」と伝え、自らも神社に赴いて、
飾り櫛を賽銭箱に投げ入れてきたのだという。

それから一ヵ月ほどして、中西さんが亡くなったと、人づてに聞いた。
が、野田さんには葬儀の案内すら送られてこなかったそうだ。

本栖湖の怪

現在、神奈川県でバイクショップを営む松沢さんから、こんな話を聞いた。

彼がまだ、大学生だった頃の体験談なのだという。

「最近はとんとご無沙汰だけどさ、若い頃はひとりでキャンプに行っていたんだよ。キャンプ道具をバイクに載せて、山や海までツーリングしてね」


ある年の夏休み、松沢さんはひとりで本栖湖《もとすこ》を訪れた。

富士五湖のひとつで、キャンプスポットとしても知られる湖である。

彼はその湖畔で、二泊の野営を楽しむことにした。

昼間は魚釣りや湖での遊泳をし、夜は酒を飲んで自由な時間を過ごしたのだ。

キャンプ三日目の朝。

帰り支度を済ませると、松沢さんはもう一度湖で泳ぐことにした。

「本栖湖ってさ、透明度が高いんだよ。水中でも離れたところまで見通せるし……泳いでいるワカサギやニジマスが見えたりするんだ」

湖岸から離れたところまで泳ぎ、そこから水中に潜ってみた。

本栖湖の水深は深く、水底のほうは夜の闇のように暗い。

ひんやりした湖水が心地良く、夢中になって水の中を泳いだ。

すると〈ぐんっ!〉と、突然右脚を強く引っ張られた。

強い圧迫感を覚え、驚いて視線を足元に向けると――

右脚に、蛇が巻きついていた。

とてつもなく太く長い蛇で、尻尾を松沢さんの脚に巻きつけて、頭部側は水底に向かって伸びている。

――ヤバい! このままじゃ、殺される。

どうして蛇が巻きついたのかは知らないが、生命の危機を強く感じた。

身体を左右に畝《うね》らせた蛇が、水底のほうへと深く潜ろうとしていたからだ。

焦った松沢さんは、湖面に向かって無我夢中で泳ぎまくった。

が、巻きついた蛇がやたらと重く、思うように進まない。

それでも、死に物狂いで水を掻き続けていると――

突然、右脚が〈ふっ〉と、軽くなった。

同時に体が大きく前に進み、自分が湖面に近づいているのを感じる。

必死の思いで水面に浮上すると、今度は湖岸を目指して泳ぎ続けた。

いつまた足を引っ張られるかもしれず、早く陸地に上がりたかったのである。

どれほど泳ぎ続けたのだろう、気がつくと岸に辿り着いていた。

見ると、右脚にはまだ蛇が巻きついている。

が、妙なことに、巻きついた蛇の胴体に力を感じない。

体はだらりと弛緩し、胴体は湖水に浸かったままで、ピクリともしない。

訝しく思い、水中から蛇の胴体を引き上げてみた。

——頭が無かった。

胴体の途中で、蛇の体がすっぱりと噛み千切られていたのである。

「見たら、胴体の直径が十センチもあるような太い蛇でね。青大将だとは思うけど、ニシキヘビみたいな大蛇だったよ。でも、そんな奴を太巻きみたいに〈丸齧《まるかじ》り〉にするバケモノが本栖湖に潜んでいると思ったら……ものすごく怖くなってさ」

急いで荷物をバイクに積むと、松沢さんは自宅に逃げ帰ったのだという。

以来、彼は本栖湖を訪れていない。

草叢

沖縄で個人経営の〈何でも屋〉を営む、宮里さんから聞いた話だ。

彼は時々、使っていない私有地の草刈りを頼まれることがある。

大抵、依頼主は近隣に住んでいるお年寄りなのだという。

「沖縄って雑草が育つのが早いんだよ。それに、年寄りには土地の手入れも大変だからさ、草刈りの依頼が多くなるんだ。で、この間も一件、草刈りを頼まれたんだけど」

場所は市内の住宅地で、二十坪程度の広さがある空き地だった。

見渡すと、腰の高さほどもある草叢《くさむら》の中に、幹の細い立木が数本ある。

ただ、作業にはチェーンソーを使うので、さほど難しい仕事ではない。

早速、宮里さんは空き地の端から、厚く茂った雑草を削ぐように刈っていった。

伐採は順調に進み、敷地の半分ほど刈り込んだときのこと。

突然、丸刃が〈ギャン〉と音を立て、チェーンソーが強く弾かれた。

慌ててスイッチを切ると、刃先から金属の焦げた臭いがする。

「何か、硬いものを当てたんだろうけど……チェーンソーってさ、割と危ないんだよ。弾かれた刃で怪我をして、出血死する人もいるくらいだから」

地面に杭でも刺さっているのかと目を凝らしたが、雑草が邪魔で見えなかった。

それなら直に探ろうかと、草叢に踏み込もうとして――やめた。

下手に足を入れて、ハブにでも咬まれたら大ごとだと考え直したのである。

とはいえ、確認もしないでチェーンソーを使うことはできない。

そこで一考した宮里さんは、近くから一本の棒切れを見つけてきて、それを草叢に突っ込んでみたのだという。

しかし、雑草を棒切れで掻きわけてみても、地面には何も無さそうだった。

棒の先に、杭や石の当たる感触が無いのである。

（おかしいな？　さっき、刃先に何かが当たったはずなんだが）

訝しく思いながらも、尚も探っていると――

突然〈ぐんっ！〉と、棒切れの先を強い力で引っ張られた。

驚いて草叢を覗き込んだが、雑草に遮られて棒の先端が見えない。

僅かな間、草叢に隠れた〈何者か〉と、棒切れで綱引きをする形になった。

が、ふいに相手が力を緩め、棒切れを引き抜くことができた。

（……何だ、いまのは？）

もう一度、棒の先で雑草を掻きわけたが、やはり何もいない。

雑草の青臭さが立ち込めるばかりで、何かが潜んでいる気配は感じられなかった。

不可解に思いつつ、宮里さんは草刈りを再開することにした。

その翌日、依頼主から苦情の電話があった。

「あんたね、ハブを殺したなら、ちゃんと処理しといてくれないと困るよ」

依頼主が言うには、朝方に様子を見に行ったところ、草が刈られた土地の真ん中に一匹のハブが死んでいたのだという。

体長が二メートルほどもある大蛇で、平たくなるまで頭部が潰されていたらしい。

が、宮里さんにはハブを殺した覚えなどない。

昨日は刈り取った雑草を一ヵ所に纏め、後処理を回収業者に任せただけである。

「ただね、あのとき草叢から棒を引っ張られたのと、そのハブの死骸が関係しているような気がして……ちょっと気味が悪いんだよ」

日に焼けた浅黒い顔を俯けて、宮里さんは話を終わらせた。

金色稲荷

いまから十年ほど前、塗装業を営む増田さんが新居を探していたときのこと。
不動産屋に一件の中古住宅を紹介して貰った。
場所は神奈川県の平野部で、周囲に山と畑が残っている郊外だった。
内見すると、思っていた以上に家屋は老朽化していた。
電気や水道は通じているが、建屋全体が激しく痛んでいるようだ。
もっとも、職業柄、修理や再塗装はお手のものである。
不動産屋に聞かずとも、どうリフォームすれば良いかは容易に判断がついた。
――おやっ？　家の裏手に何かあるな。
雑草で覆われた裏庭の片隅に、ヒイラギの植え込みがあることに気づいた。
どうやら、敷地の一角を生け垣で囲っているらしい。
見に行くと、植え込みの中に小さな〈お稲荷様〉が祀られていた。
前の住人が信仰深かったのだろう、綺麗に清掃された祠だった。
瓦や羽目板に金メッキが施されており、小ぶりながらも瀟洒な造りである。

やがて、曇天の雲間から陽の光が射し込むと、金色の外装が皓然と輝いて見えた。
それは——神々しく、また吉兆めいた光景だった。
（こりゃあ、縁起が良さそうだ。この稲荷を祀ってみるのも、面白いかも）
物件を購入すると心に決め、玄関先で待っている不動産屋に話しかけた。
「えっ、お稲荷さんですか？　そんなの、あったかな？」
増田さんが金色の祠について訊ねると、不動産屋が訝しげな声を出した。
以前、この物件を下見した際には、気がつかなかったと言うのである。
それならと、もう一度、不動産屋と一緒に裏庭に行くと——
お稲荷様の祠が、ぼろぼろに朽ちていた。
外装に金メッキなど無く、羽目板も半分ほどが剥がれかけている。
その変容の大きさに、増田さんは暫し我が目を疑ったという。

「でも結局、その家を買うことにしたよ。最初、祠が立派に見えたのは、『この家に住んで欲しい』ってことなんだと思ってね。お稲荷様もいじらしいって言うか……そうなると、住んでやりたくなるのが人情ってもんじゃないか」
そういう経緯で、増田家の裏庭には立派に修繕されたお稲荷様が祀られている。

壁電話

いまから二年ほど前、友人の東野君が新居を探していたときの話だ。

不動産屋に幾つか紹介された物件の中に、一件、手頃な部屋を見つけた。

多摩地区の住宅街にある、賃貸アパートの一室だった。

早速、不動産屋に案内して貰い、夫婦で内見をすることになった。

「上下に二部屋ずつ、合計四世帯が入居できる二階建てのアパートでね。俺らが内見したのは、二階の空き室だったよ。そこ以外は、埋まっていたみたいで」

中に入るや否や、奥さんは室内を横切って、真っ先にベランダへ出て行った。

どうやら、そこから見える景色を確認したいようだ。

一方で、東野君は不動産屋から部屋の詳しい説明を受けていた。

部屋の間取りから、周辺の環境、敷金礼金や管理費に至るまで、確認しておきたい情報が山ほどあったのである。

と、――そのとき〈プルルルッ〉と着信音が鳴った。

音の発信源は、台所の壁に掛けられた固定電話のようだ。

が、見てみると、その電話機には電話線が接続されていない。

コードが筐体に巻かれ、先端のモジュラージャックが宙に浮いていたのである。

「……何で鳴るんだろう?」

平静を装いながら、東野君は受話器を耳に当ててみた。

が、聞こえてくるのは〈ぶーん〉という、無機質な機械音だけだった。

「誤作動かな?　どこにも通じてないみたいだけど……」

そう言って受話器を戻すと、再び〈プルルルッ〉と電話が鳴った。

不動産屋の表情を見ると、〈私は出ませんよ〉と言わんばかりに顔が強張っている。

「私が出ようか?」

好奇心が沸いたのか、東野君の奥さんが受話器を取り上げた。

彼女は暫く電話に聞き入り、やがて受話器を置くと「じゃあ、部屋も見たし……そろそろ、終わりにしましょうか?」と、あっけらかんとした口調で言った。

そのひと言で、内見はお開きとなった。

「……あの部屋、全然駄目ね。あんなところ、絶対に住めないわ」

不動産屋からの帰宅途中、東野君の奥さんが吐き捨てるように言った。

本音を言い溜めていたのか、いつもよりも口調が尖っている。

「あなたには何も聞こえなかったんでしょ? でも、私は誰かが楽しそうに鼻唄を歌っているのを聞いたの。で、気味が悪いから、電話を切ろうと思ったんだけど」

――次、あんた。

受話器の向こう側で、幼児のような声が〈ぼそり〉と呟いたのだという。

それを聞いた奥さんは、敢えて明るく振る舞ったのである。

その後、あのときの不動産屋とは連絡を取っていない。

蝙蝠蘭

「座敷の畳を捲ったら、赤と黒の斑になってたんだよ。表面はぐちゃぐちゃに毛羽立っていたし……施工業者も『これ、血じゃないの?』って、顔を顰《しか》めていたっけ」

斎藤さんは長年、老舗のレストランで調理師を務めてきた男性である。

四年前、彼は沖縄で空き物件を借り、肉専門のバルを立ち上げた。

以前は居酒屋が入っていたという、居抜きの物件だった。

「厨房の広さとバーカウンターがあるのが気に入ってね。ただ、ホールにあった、畳敷きの小上がりが邪魔でさ。貸主に断って、業者に撤去して貰うことにしたんだ」

その内装工事で、畳の裏に赤黒い痕跡を見たのである。

『この畳、腐りかたが普通じゃないし……一度、ひっくり返して使っていたんじゃないかな。大家に事情を聞いたほうが良いんじゃないの?』

業者はそう言ってくれたが、斎藤さんは忠告を無視することにした。

廃棄する小上がりがどうだろうと、出店計画には関係ないと考えたのである。

「気味が悪いとは思ったけど、本当に血かどうかなんてわからんし……こっちは店の開店準備で忙しいからさ、内装ひとつに拘《こだわ》っていられなくて」
畳や小上がりの撤去を業者に任せて、その場所にはテーブル席を置くことにした。

内装工事も終わって、開店予定日が目前になってきた頃のこと。
斎藤さんはある晩、自分の店に泊まり込むことにした。
遅くまで開店準備を行っていたので、自宅に帰るのが億劫になったのである。
店内を軽く掃除して、四つ並べた客席用の椅子に横になった。
敷布も上掛けもないが、目を瞑っているうちに深い眠りに落ちた。
――夜中、妙な胸騒ぎがして目が覚めた。
店内を見回すと、なぜか明かりが幾つか消えていて、薄暗い。
その、ぼんやりとした暗闇の中に、人影を見た。
人影はテーブル席の間をうろうろと歩き回り、店内を物色しているようだ。
「おい、お前っ！　そこで、何しているっ！」
不審者が侵入してきたのだと思った斎藤さんは、大声で怒鳴った。
身の危険を顧みるよりも、店を守りたいという気持ちが働いたのである。
が、気がつくと、いつの間にか人影が消えていた。

（あれっ、いま人が居たような……？）
照明を明るくし、くまなく店内を探したが、誰もいない。
出入り口には鍵が掛かっており、他人が出入りした痕跡もなかった。
警察に通報する訳にもいかず、斎藤さんはそのまま朝まで眠らずに過ごしたという。
その後、斎藤さんは店を予定通りに開業した。
だが、開店して間もなく、奇妙な現象が起き始めた。
例えば、斎藤さんが厨房で調理していると、〈ドンッ！〉と誰かにぶつかったりする。
しかし、ぶつかった相手の姿はまったく見えない。
また、客がいなくなった店内で、他人の声を聞くこともあった。
『わっ！』とか『あっ！』という大きな声で、突然背後から怒鳴られるのだ。
元々斎藤さんは、心霊現象など信じていない人である。
が、こうも次々と不可解な現象を体験すると、そうも言っていられない。
ただ、唯一の救いは、客がいる時間に心霊現象が起こっていないことだった。
店に嫌な噂が立つことを、彼は恐れていたのである。
が、――あるとき、バーカウンターの女性客からこんなことを言われた。

「さっきから、耳の近くで変な声が聞こえるんだけど……何かしら？」

店にいるのは、斎藤さんと女性客のふたりだけ。

さすがに心霊現象だとは言えず、彼は女性客にこんな説明をした。

「うちの隣、スナックなんですよ。時々、カラオケを使うみたいで」

事実、隣のテナントから、カラオケの歌い声が漏れてくることがある。

それを理由にして、胡麻化そうと考えたのだ。

「そうなの？　でも、ずっと『死ね、死ね』って、言われてるんだけど……」

「あっ……と、デスメタルかな？」

その言い訳が苦しく聞こえたのか、女性客から不審の目を向けられた。


「それでさ、さすがにこのままじゃ不味いと思ったんだけど」

が、どうすれば良いか、皆目見当がつかない。

お清めに塩を置き、土産物屋で買ったお守りを吊るしてみたが、無駄だった。

そんなことをしても、奇妙な現象が収まらないのである。

試しにスマホで〈除霊〉と検索したが、怪しげなサイトしかヒットしなかった。

「それで、ほとほと困っちまってさ。仲の良い常連客に、ちょっと愚痴を零したんだよ。そしたら『お化け関係に強い店、紹介しようか？』って言ってくれてね」

聞くと、その常連客も心霊現象に悩まされたことがあったらしい。

そのとき、とある店に助けて貰ったのだという。

「渡りに船だと思って、その店の名前を教えて貰ったんだけど……」

しかし、常連客から教わった店は、ただの園芸店だった。

早速、店を訪ねてみたが、やはり園芸品を販売しているだけの店にしか見えない。

それでも、常連客に言われた通りに、店長に話し掛けてみた。

「ああ、アンタのことは聞いているよ。用意しておいたから、そこにある鉢植えを
……そうだな、三つもあれば十分だろう。それ、買っていきな」

そう言われたが、なぜ鉢植えを買わなければならないのか、理解できない。

勧められた鉢植えは、〈蝙蝠蘭《こうもりらん》〉という観賞用のシダ植物だった。

「いいか。こいつを、店内の気になるところに飾るんだ。それで、もし何も起こらなかったら、また俺んとこ来てくれ」

言われるままに鉢植えを買い、店に戻って飾ることにした。

鉢植えのひとつは、以前に小上がりを撤去したテーブル席の足元に置いた。

残りのふたつも、互いに距離を空けて店の壁際に飾りつけた。

蝙蝠蘭を飾ってから、四、五日が過ぎた晩のこと。
閉店時間になって片付けをしていると――ふと、人の気配を感じた。
店のホールに目を遣ると、見覚えのない男性が立っている。
まだ入り口を施錠していなかったので、客が間違えて入店してきたらしい。
「すみません。もう、閉店時間なのですが……」
そう言って詫びたが、男性はその言葉に何の反応も示さなかった。
テーブル席の前で、じっと床に視線を落としているだけである。
どうやら、足元の蝙蝠蘭に目を奪われている様子だ。
「あのっ、お客さん?」
斎藤さんが声を掛けると、男性は半透明に霞んで――
足元から徐々に、男の体が蝙蝠蘭の鉢に吸い込まれていった。
まるで、白煙が吸煙機に吸われていくような、奇妙な光景だったという。
――うん、よくわからんが、早く帰ろう。
戸締りだけ済ますと、斎藤さんはさっさと帰宅することにした。

翌朝、早めに店に行くと、三鉢ある蝙蝠蘭の一鉢だけが灰色に枯れていた。

昨晩現れた男が吸い込まれた、あの鉢植えだった。

不思議に思った斎藤さんは、その鉢を持って再び園芸店を訪れたという。

「これはもうダメだな。吸い切って、根っこから腐っちまっている。まぁ、もう大丈夫だとは思うが……念を入れて、代わりのを買っていきな」

言われるまま、蝙蝠蘭の鉢植えをもう一鉢購入した。

詳しい説明はされなかったが、何となくそれで良いと思った。

「理屈はわからんが……多分、うちの店にいた幽霊が鉢植えに吸われて、この世から消え失せたってことなんだろう。まぁ、成仏したかどうかは知らんが」

そう言うと、斎藤さんは呆れたように鼻で嗤《わら》った。

以来、斎藤さんの店で奇妙な出来事は起こっていない。

大福餅

「ブラックってほどじゃないけど、うちの会社は残業がやたら多くてね。家に帰っても疲れが抜けないし、休日は大抵、家で寝てっかなぁ」

知人から紹介された高槻さんは、五十代前半のサラリーマンだった。

妻と息子の三人家族で、埼玉のとある町で暮らしているのだという。

なんでも、最近少し変わった体験をしたというので、詳しく聞かせて貰った。


「で、この間、息子に文句言われてね。『休みなのに、どこも連れて行ってくれない』って、ぎゃんぎゃん泣くわ、喚くわで、えらい癇癪を起こされて」

今度、遊園地に連れて行くからと言い含めたが、息子はまったく納得しない。

愚図る息子に手を焼いていると、ふと高槻さんの脳裏に昔の思い出が蘇ってきた。

——そう言えば、俺もガキのとき、オヤジに駄々をこねたなぁ。

生前、高槻さんの父親はとても腕の立つ植木職人だった。

仕事熱心と評判が高かったが、その反面、家庭を顧みるような人ではなかった。

そのせいか、高槻さんには父親に遊んで貰った記憶が殆どない。

が、いざ自分が父親になってみると、いままでと見える景色も違ってくる。

「あの頃の親父も同じ気持ちだったのかと、しみじみ思えてね。そういや、ずっと実家に戻ってなかったし……たまには親父の仏壇でも、拝んでおこうかと思ってさ」

最近は足が遠ざかっていたが、高槻さんの実家は隣町にある。

そこには壮健な母親と、妹夫婦が住み暮らしていた。

妹夫婦の迷惑になるのも嫌なので気安く出入りするつもりは毛頭ないが、翌週末は父親の月命日である。

先に断っておけばいいだろうと、高槻さんは考えた。


翌週の休日。

お供えに父親が好物だった大福餅を携え、高槻さんは自家用車で実家へ向かった。

ただ、駐車場は妹夫婦が使っており、空きはない。

仕方なく、実家から少し下った場所にある有料駐車場に駐車をした。

そこからは、緩い坂道を上っていくことになる。

子供の頃から幾度となく行き来をした、昔なじみの坂道だった。

郷愁に浸りながら実家に向かっていると、亡くなった父親のことを思い出した。

元々、父親との親子仲はさほど良くもなかった。

ぶっきらぼうで、家族との接し方にも不器用さの見える人だった。

それでも、初孫が生まれた頃にはそれなりに打ち解けて、人並みの親子関係が築けていたようにも思う。

父が脳卒中で亡くなったとき、臨終に立ち会えなかったことを後悔もした。

そんな数々の思い出が脳裏に浮かんでは、儚く消えていく。

追憶に手を引かれるかのように、坂道を上り続けていると——

「おいっ、隆志！」

背後から、自分の名を呼ぶ声が聞こえた。

聞き覚えのあるその声にハッとし、慌てて後ろを振り返る。

少し離れた坂道の端に、父親が立っていた。

生前と何ひとつ変わらない、懐かしい顔だった。

「おっ……おやじぃ！」

再び父親に会えた喜びに、目からぼろぼろと涙が零れてきた。

〈あの世から、おやじが会いに来てくれたんだっ！〉

感情が昂《たか》ぶり、逸《はや》る気持ちを抑え切れない。
涙と鼻水で顔を濡らしながら、高槻さんは父親の元へと駆け出した。
が、――近づくにつれて、父親の顔がなぜか強張っていく。
一歩、二歩と後ずさりし、いまにも逃げ出しそうな様子だった。
――あれっ？　何か、変だな。
よく見ると、父親は両手にコンビニ袋をぶら下げている。
足元は雪駄履きで、草臥《くたび》れたランニングシャツがどうにもだらしない。
〈えっと……幽霊が、コンビニ袋？〉と、疑問に思った瞬間――
自分の父親が、双子だったことを思い出した。
そう言えば、叔父は実家の近所に住んでいるはずである。
そのことに気づいた瞬間、猛烈に照れ臭くなった。
「何だっ、おじさんかよっ！　ふざけんなよ！　もうっ、紛らわしいっ！」
「何だとはなんだっ！　人のことを、驚かせおって」
叔父にすれば、偶然見掛けた甥っ子が、突然泣きながら駆け寄ってきたのである。
怯んだとしても、無理のないことだろう。
が、気恥ずかしさに居た堪れなくなった高槻さんは――

「急に出てこないでくれよっ！　見分けがつかない顔なんだから！」

「何じゃと！　そりゃ、どういう意味じゃっ！」

叔父にとっては理不尽極まりないが、照れ隠しなので仕方がない。

適当に叔父をあしらって、高槻さんは足早に実家へと向かった。


その日の晩のこと。

高槻さんが自宅で寝ていると、瞼が急に明るくなった。

（もう、朝か）とも思ったが、不思議と朝の気配を感じない。

――くっちゃくちゃ、くっちゃくちゃ。

不審に思っていると、顔のすぐ傍で奇妙な音が聞こえた。

粘りつくような、耳障りの悪い音。

（何だ？）と、瞼を開けると、目の前に父親の顔があった。

（……えっ、親父？）

背後に照明があるのか、逆光のせいで父親の表情ははっきりと見えない。

が、顔の輪郭は生前の父親そのものである。

――くちゃ、くちゃくちゃ。

覗き込んでいる父親の顔が、小刻みに揺れている。

見ると、父親は指先に大福餅を摘まんで、無心にそれを口に運んでいるようだ。

顎先が揺れるたび、〈くちゃ、くちゃ〉と咀嚼する音が不快に響いた。

「……一体、何だってんだよ？」

思わず高槻さんは声に出したが、父親は咀嚼を止めようとしない。

無表情のまま、一心不乱に大福餅を貪《むさぼ》るだけだった。

そのとき初めて、高槻さんは無性に怖くなった。

目の前にいる父親が、生前とはまるで異質なもののように感じられたからである。

「やめろ！　もう、勘弁してくれっ！」

叫び声を上げつつも、父親から目を離すことができない。

やがて、父親は大福餅を食らい尽くすと、すうっと姿を消した。

背後の光も消え、視界が再び暗闇に閉ざされた。


「いつまで寝てんのよっ⁉　さっさと起きなっ！」

翌朝、高槻さんは妻に尻を蹴り飛ばされて、目を覚ました。

どうやら、起床時間を過ぎているらしい。

「それで、慌てて飛び起きたんだけど……どうも、すっきりしなくてさ。昨晩見たのが夢だったのか、それとも本物のおやじの幽霊だったのかって」

ただ、ひとつだけ気になることがあった。

敷布団の表面が、微かに白い粉で汚れていたのである。

それは、大福の餅取り粉のように見えたというが、定かではない。

「でもさ、人間なんて本当、いい加減なもんだと思ったよ。昼間、感傷に浸っているときは泣いて喜んだくせに、夜中に出てこられると、ビビっちまうんだからさ」

そう言って、高槻さんは照れ笑いをした。

いまでも彼は仏壇を拝みに行っているが、大福餅を供えるつもりはないそうだ。

九字

都内に住む由香さんは、数年前に父親を亡くしている。

胃に癌が見つかり、長く闘病生活を続けた末でのことだった。

「お父さん、いままでありがとう。すぐにまた会おうね」

来世での再会を誓って、由香さんが臨終前の父親に掛けた言葉である。

すでに意識は無かったが、微かに父親が頷いたように見えたという。


父親が亡くなった晩、由香さんは自宅に帰って休むことにした。

翌日に行われる通夜の手配を済ませ、疲れ切ってベッドに倒れ込んだのである。

どれほどの時間、眠っていただろうか。

突然に腹痛を感じて、由香さんは真夜中に目を覚ました。

まるで、胃の腑を爪で引っ掻かれるような、きりきりとした痛みが走る。

どうしたのかと、腹を擦《さす》ろうとして——

寝室に、妙な気配が立ち込めていることに気がついた。

じっとりと空気が重く、肌が粟立つような悪寒を覚えるのである。

――――んっ？

暗闇に目が慣れると、足元のベッドの縁に何かが載っていることに気づいた。

それは、毛布の端を掴んだ人の手のように見えた。

（えっ、あれは……？）

由香さんが身を竦ませたのと同時に、足元から〈ぬうっ〉と人影が立ち上がった。

虚ろな灰色の瞳に、ねっとりと皮膚の黒ずんだ顔。

その人影は、その日、亡くなったばかりの父親だった。

父親はベッドを這い上り、由香さんの胸元にまで近づいて――

「臨・兵・闘・者・皆・陣・烈・前・行っ!!」

咄嗟に、由香さんは九字を切った。

すると、父親は暗闇に溶けるように消えてしまった。

――姿が見えなくなる瞬間、父親は鬼のような形相で由香さんを睨んだ。

生前に見せたことのない、怒りに満ちた表情だったという。

「私、だいぶ前から禅の修行をしているんです。禅の修行って、修験道と重なる部分があるから……多分、父は知らなかったと思うんですけど」

禅を学ぶ過程で、彼女は水行や山林斗藪《さんりんとそう》などの修行を体験している。九字を切る護法は、護摩修行の中で体得したものだった。

言ってみれば彼女は、修験道で鍛え上げられた〈本格派〉だったのである。

「きっとお父さん、私に追い払われたと思ったんでしょうね。でも、『すぐに会おうね』って約束はしたけど……何も、その日のうちに出てくることはないじゃない」

口吻《こうふん》を少し尖らせて、彼女は不満げに言った。

そのときを最後に、由香さんの父親は姿を見せていない。

落ち首

同じ会社で働く三崎さんが、まだ幼かった頃の話である。


ある休日の朝のこと。

朝食を済ませた三崎さんは、兄と一緒に居間でテレビを見ていたそうだ。

すると、仏間にいた母親が慌てた様子で居間に飛び込んできた。

「お前、無事だねっ⁉　……あぁ、良かったぁ」

母はそう言うと、いきなり兄を胸の中に掻き抱いたのだという。

そして、慈しむように何度も兄の頭を撫で始めた。

母の瞳は、明らかに涙で潤んでいた。

「えっ、なに、なんなのっ⁉　母ちゃん、どうしたんだよっ⁉」

普段、ベタベタした愛情表現を見せない母なだけに、兄は困惑している様子だ。

状況が理解できず、弟の三崎さんも唖然とするばかりである。

「ごめん、驚かせちゃったね。実はね、こんなことがあったんだよ……」

やがて落ち着きを取り戻すと、母は兄弟にこんな話をした。

昨日の夜、母は嫌な夢を見たのだという。
彼女はその夢の中で、自宅の仏間に座っていた。
ふと気づくと、顔を隠すように項垂れた長男が、襖の前に立っている。
（どうしたの？）と声を掛けようとして、思わず息が止まった。
項垂れた息子の頭が、更に深く前方に傾げて――
〈すとん〉と、畳の上に落ちてしまった。
そして、まるで蹴られた手毬のように転がると、母の目の前に来て止まった。
「母ちゃん、ゴメン。とれちゃった」
あらぬ方を向いた息子の顔が、抑揚もなく言った。
――その声を聞いた瞬間、彼女は〈はっ〉と夢から覚めたのだという。
が、布団から起きても、長男のことが気になって仕方がない。
どうにも、胸騒ぎが収まらないのである。
そのため母は仏前に座り、息子が無事に過ごせるように祈ったのだという。
するといきなり、仏壇に置かれた菩薩像の首が〈ころん〉と落ちてきた。

そして、コロコロと畳の上を転がったのだという。

驚きのあまり、母は悲鳴すら上げることができなかった。

(やっぱり、あの夢は正夢なんだわ)

そう確信し、母は慌てて長男がいる居間に駆け込んできたのである。

「きっとこの先、菩薩さまがお前の身代わりになってくれるから」

そう言うと、母は嫌がる兄に強要し、仏壇に向かって一緒に手を合わせた。


数日が経ち、三崎さんは兄から、こっそりとこんなことを打ち明けられた。

「あの仏像さぁ、前の日に弄《いじ》っていて、うっかり首を折っちゃったんだよ。で、バレると怒られっから、ご飯粒でくっつけたんだけど……くっつきが甘かったなぁ」

悪びれる様子もなく、兄は平然と言ってのけた。

——こいつ、とんでもねえ野郎だな。

三崎さんは、兄の馬鹿さ加減に心底呆れたそうだ。


そんなことがあってから四十数年が経つが、兄はいまでも元気に過ごしている。

嫌々

以前、葬儀会社に勤めていた、久米さんの話である。


久米さんが入社して、二年目のこと。

仕事でつき合いのあった寺で、住職が亡くなった。

そのため、彼が勤めていた葬儀会社が、その葬儀を手伝うことになった。

が、いざ寺に到着すると、久米さんを含めた四人の社員が、上司から奇妙なことを命令された。

「本堂にある御本尊を、脇間に移してくれ」

理由を聞くと、一時的に御本尊を退けて、その場所に祭壇を設けるのだという。

なんでも、亡くなった前の住職が、生前からそれを希望していたらしい。

しかし、幾ら住職の葬式だとはいえ、御本尊を退けるなどあり得ない。

さすがに戸惑ったが、寺側の〈たっての願い〉とあっては断ることもできなかった。

本堂の奥正面に鎮座する御本尊は、大日如来像である。

等身大の木像だったが、大人が四人もいれば須弥壇ごと持ち上げられそうだ。

「じゃあ、頼んだぞ。くれぐれも、事故のないように」

そう言い残すと、上司はそそくさと本堂を出ていってしまった。

仕方がないので、久米さんたちは御本尊を囲んで、須弥壇の角に指を這わせた。

「じゃあ、行くぞ……せーのっ！」

掛け声を上げ、四人が一斉に御本尊を持ち上げると――

ぐらりと、大きく地面が揺れた。

相当な規模の揺れで、踏ん張っている足元が波のように上下した。

「ヤバい、地震だっ！　早く、仏像を下ろせっ！」

四人はその場に御本尊を置き直し、急いで本堂から逃げ出した。

境内に駆け下り、緊張しながら辺りの様子を窺った。

が、――どうも、雰囲気がおかしい。

相当大きな地震だったのに、周囲に慌てた様子の人物が見当たらないのだ。

建屋から人が出てくる気配もなく、境内は至って静かである。

近くを通り掛かった社員に聞いてみたが、揺れなど感じなかったという。

「変だな？　間違いなく、床が揺れたよなぁ……？」

四人は互いに顔を見合わせ、首を傾げた。

「もしかして……あれって、本堂の床が緩んでいるんじゃないか？」

本堂に戻り、板敷きの床を踏んでみる。

が、幾ら強く踏んでみても、床が緩んでいるようには感じられなかった。

「……考えても仕方ない。さっさと終わらせよう」

四人はもう一度御本尊を取り囲むと、須弥壇を一斉に持ち上げた。

――今度も、床が揺れた。

ぐらぐらと脳の奥まで揺すられるような、大きな地震だった。

（またか？）と驚いた四人は、持ち上げた御本尊を再びその場に下ろした。

すると、床の揺れが収まった。

「……これ、おかしいな。御本尊を持ち上げたときにだけ、揺れているみたいだ」

得体が知れず、久米さんは気味が悪くなってきた。

見ると、同僚たちも一様に顔色を失っている。

「どうするよ？　床が揺れるのって……どう考えても、この仏像がやってるだろ？」

同僚のひとりが声を上げたが、誰もそれには答えなかった。

皆、それを否定する言葉を持たなかったのである。

だが結局、『無理にでも運んでしまおう』ということになった。

状況の異常さは理解しているが、だからといって途中で仕事を放り投げることもできなかったのである。

三度目も、本堂の床は大きく揺れた。

だが、久米さんたちは慌てることなく、御本尊を脇間へと移してしまった。

その後、御本尊を拝んでから、四人は足早に本堂を離れたそうだ。

「きっとあれは、場所を譲りたくないから、如来さんが『嫌々』をしたんだって……そんな風に思っているんだ」

苦笑いを浮かべて、久米さんは話を終えた。

わだつみ

埼玉のとある印刷会社に勤める、薄井さんから聞いた話である。

いまから三十年前、彼がまだ独身で、二十代前半だったときの体験なのだという。

「あの頃、同じ職場に加藤さんって先輩がいてね。親分肌で、仕事じゃ結構怒鳴られたりもしたけど……気持ちがさっぱりした人で」

加藤さんは大柄で上背があり、一見威圧感を覚える容貌をしていたが、心根は優しく、とても面倒見の良い先輩だった。

特に薄井さんのことを気に掛けていたようで、何かと遊びに誘ってくれた。

或いは、無趣味で友人が少なかった彼を、気の毒に思っていたのかもしれない。

いずれにせよ、加藤さんはことある毎に、薄井さんを遊びに連れ出した。

そんな加藤さんの一番の趣味が、海釣りだった。

「釣りにはよく誘われたよ。車で行ける範囲なら、どこにでも行ってたよね。まっ、俺は魚釣りなんてやったことがなかったし、加藤さんのお供のつもりでいたけど」

それでも、暇な休日に屋外へ遊びに行けるのは、単純に嬉しかった。

回数を重ねるうちに、釣りの楽しさも次第にわかってくる。

そんな調子で、入社してからの数年間、加藤さんとのつき合いが続いたのだという。


ある年の晩夏のこと。

薄井さんは「今度の木曜、船宿に泊まるぞ」と、加藤さんに誘われた。

場所は太平洋側の沿岸にある、とある小さな漁師町だったという。

ちょうど金曜が社休日だったので、前泊しての磯釣りを計画したのである。

加藤さんも初めて訪れる釣り場らしいが、噂では港の近くにイシダイが釣れる穴場があるのだという。

「そのときの加藤さん、結構入れ込んでいたみたいでね。ひと月前から船宿に予約取って、もう準備万端って感じだったよ」

木曜の仕事終わりに、薄井さんが運転する車で船宿を訪れた。

海岸から少し離れた山の中腹にある、民宿だった。

そこに一晩だけ宿泊し、夜が明ける前に漁港へと向かった。

生憎と天候は悪く、鉛色の雨雲が暁暗の空を覆っている。

漁港の船着き場には、明かりを灯した漁船が数艘停泊していた。

どうやら、漁港は全体が大きな入り江になっているようで、長い防波堤が港をぐるりと囲んでいる。

薄井さんたちが目指した穴場は、防波堤の外海側にあるようだ。

漁に出る頃合いらしく、漁船のエンジン音が入り江に響き始めていた。

「で、防波堤に上がって、ぼちぼちと釣り始めたんだよ。空は暗くて、風も強くなってきたけど、そんなのは承知の上だからさ」

だが、一時間と経たないうちに、遠くの外洋に閃光が瞬き始めた。

落雷しているらしく、沖合の暗闇に稲光が走るのである。

よほど距離があるのか、雷鳴の轟きは微かにしか伝わってこない。

「こりゃあ、ひと雨くるな。ぼうずだが、しゃあねえ。一度車に戻っか？」

沖合を眺めながら、加藤さんが声を掛けてきた。

次第に海風が強くなり、耳元でびゅうびゅうと風音が逆巻き始めている。

仕方なく、薄井さんが釣り糸を手繰ろうとした、そのとき――

「……何だ、ありゃあ？」と、加藤さんが頓狂な声を上げた。

つられて視線を追うと、沖合が紫色に輝いている。

が、それは稲妻の閃光とは違っているようだ。

落雷とは別に、海の中が不気味に鈍く光っているのだ。

不思議なことに、その光は〈パッ、パッ〉と絶えず明滅を繰り返していた。

まるで空から落ちた雷が、海中に蓄電したかのような光景に見えた。

「あれ、何か、こっちに近づいてねえか？」

目を凝らすと、さっきまで沖合に見えていた紫色の光が、港との距離を縮めている。

浅い海面を潜行しながら、かなりの速度でこちらに近づいているようだ。

やがて、その光は防波堤の突端を抜けると、入り江の中にするすると入ってきた。

（あれは……潜水艦か？）

混乱した頭で、薄井さんはそんなことを考えた。

「当時、不審船事件なんていうのが話題になっていてさ。だから、潜水艦かとも思ったんだけど……ただ、あんな底の浅い入り江に、潜水艦が入ってくるのも妙な話で」

紫色の光は入り江の中心まで移動すると、明滅しながら動かなくなった。

薄井さんたちは、息を殺してその様子を窺ったという。

すると――いきなり海中から、巨大なものが水飛沫を飛ばして立ち上がった。

それは、鏡のような艶と輝きのある、金属質の物体だった。

高さが七メートルほどもある巨大な三角柱で、海上に屹立する姿はまるで帆船のようである。

奇妙なことに、物体の表面には斑点状に無数の穴が空いていた。

紫色の光は、そこの穴から発せられているらしい。

なんとも奇怪で、その奇怪さが極まるゆえに、神秘的とすら思える物体だった。

「加藤さん、早く逃げましょうよ！　なんかあれ、変ですよ！」

怖くなった薄井さんは、防波堤から退避しようと加藤さんに訴えた。

が、幾ら返事を待っても、加藤さんは答えようとしない。

奇怪な三角柱の方向を向いたまま、じっと立ち尽くしている。

「………あの、加藤さん？」

訝しく思った薄井さんは、加藤さんの傍に寄って顔を覗き込んだ。

――加藤さんは、両眼から血を流していた。

口の端から泡を吹き、両目はだくだくと溢れる血涙に赤く染まっている。

「うわっ！　加藤さん、どうしたんすかっ!?」

あまりの状況に、薄井さんは思わず絶叫した。

すると突然、〈キーン〉と耳をつんざく高い音が周囲に響き渡った。

その高音は、海上に屹立した物体が発しているようだ。
同時に、防波堤を削るような勢いの雨が猛烈に降ってきた。
「加藤さん、行きますよ！　早く車に乗って」
力づくに加藤さんの腕を引っ張り、薄井さんは車の中へと逃げ込んだ。
防波堤に釣り道具を置き去りにしたが、構ってはいられない。
泥にハンドルを取られながらも、薄井さんは車を急発進させたのだという。
入り江を横目に睨みつつ、海岸沿いの狭い道路を一目散に駆け抜けた。
その間、港には人の姿をまったく見かけなかったという。
視界から外れるまで、三角柱の物体はずっと海上に立ち続けていた。
降り荒む驟雨《しゅうう》に煙ったその孤影は、寂寥《せきりょう》として禍々《まがまが》しく——
同時に、我が目を疑うほど幻想的に見えた。

「で、とにかく病院を探そうと思って、町まで車を飛ばしたんだよ。そしたら加藤さん、いつの間にかケロッとしていてさ。目から流れていた血も、跡形もなく消えていて。それでも、医者に行くよう勧めたんだけど、『うるさいっ！』って怒鳴られて」
無理強いもできず、加藤さんの言う通りに自宅へ向かうことにした。

それから半月も経たないうちに、加藤さんは体の不調を訴えて入院した。

検査の結果、肝臓癌を患っていることが判明したのだという。

癌の転移も確認され、すでに手の施しようがない状態だったらしい。

薄井さんは病室での面会を切望したが、主治医は最後まで許可を出さなかった。

そして、秋も深まった十一月に、加藤さんは亡くなった。

癌が見つかって、僅か二ヵ月後のことだった。

「あの漁村から帰った後、落ち着いて話もできていなかったから、凄くショックで」

告別式には会社関係者のみならず、友人知人ら大勢の弔問客が訪れ、図らずも故人の人望の厚さを窺い知ることになった。

ご家族とも面識のあった薄井さんは、進んで葬儀の世話係を引き受けたそうだ。


それから暫く経ち、加藤さんの奥さんが薄井さんの家を訪ねてこられた。

聞くと、亡夫の遺言について相談があるのだという。

「それがさ、加藤さんの書斎から、俺宛に書かれた遺書が見つかったって言うんだよ。生前、用意されていたものらしいって。で、見せて貰ったんだけどさ」

封書を開けると、紙面にはたった一行しか書かれていなかった。

『俺の遺骨は、あの入り江に撒いてくれ』

震える字で書き殴られていたが、それは加藤さんの筆跡で間違いなさそうだった。が、——薄井さんは故人の遺志を無視し、散骨には賛同しなかった。

漁港の場所も遺族に教えなかったので、加藤さんの遺骨は先祖代々の墓に納骨されたのだという。


あの入り江で見た物体が何だったのかは、未だにわからない。

幸福の海

先日、都内の薬局で薬剤師を務める、石野さんに取材をさせて貰った。

スキューバダイビングが趣味の女性で、年齢は三十代前半。

聞くと、彼女は年に数回、国内のダイビングスポットを訪れているのだという。

「でもいまは、沖縄ばっか行ってるかなぁ。那覇の海岸に、お世話になっている馴染みの店があるのよ。滞在中はそこで食事をするんだけど、頼めば気軽にバイトもさせて貰えるのね」

一日か二日、その食堂で働くことで旅費を浮かせつつ、また地元の人々との親密な交流を持つのだという。


いまから数年前の初夏のこと。

石野さんは一週間の休暇を取り、ひとりで沖縄へと出掛けた。

幸い台風の接近もなく、絶好な観光日和での訪島だったという。

到着後、最初に馴染みの食堂を訪れ、店の主人にまた世話になることを伝えた。

大仰な挨拶のいらない、気心の知れた間柄である。

ダイビングの予約は、数週間前に旅行代理店のサイトで済ませてあった。

「そのときは、二日目と五日目にダイビングの予約を入れておいたのね。必要な機材はもちろんレンタルで、インストラクター付きのツアーに申し込んだの」

ダイビング当日は朝から快晴で、海へ潜るのには申し分のない天候だった。

その日のダイビング客は、石野さんを含めて四名。

インストラクターが一名、ガイドについてくれた。

沖合までプレジャーボートで移動し、そこから海底へと潜った。

「そのときのダイビングは凄くてね。とにかく海の水が透明で……びっくりするくらい、沢山の魚が泳いでいたの。あんな綺麗な珊瑚礁、初めて見たわ」

彼女たちが泳いだ海域は、二十五メートルほどの水深があった。

それでも、海水が澄んでいるので、太陽の光が海底にまで射し込んでいた。

その清冽な青い珊瑚礁に、色鮮やかな熱帯の魚が回遊しているのである。

が、――石野さんはいまひとつ、気分が盛り上がらなかったという。

美しい海底の景色に、感動しなかった訳ではない。

ただ、彼女にはダイビングに集中し切れない理由があったのだ。

「チラチラって、視界の隅に何かが見えたのよ。それ、はっきりとしないんだけど、肌色をした人間の手のように見えたの。でも、ツアーの人たちは私の前を泳いでいるし……それが気になるから、つい目で追いかけちゃうんだけど」

素早く目を向けても、その〈何か〉を視界の正面に捉えることは出来なかった。まるで気配を読まれているかのように、すっと逃げられてしまうのだ。

だが、諦めて無視を決め込むと、途端に人の肌色が視界の端に入ってくる。

そんなことを繰り返しているうちに、ダイビングの終了時刻となった。

インストラクターの指図に従い、彼女はゆっくりと浮上を始める。

と、——そのとき〈ばちんっ！〉と、側頭部を叩かれた。

驚いて振り向くと、大きな魚のヒレが見えた。

それは、まるで薄絹を朱色に染めたような、鮮明な色彩の尾ビレのようだった。

しかし、視界に捉えたのは一瞬で、見直すと既に消えている。

「ちょっと驚いたけど……『何かの魚がぶつかったのかも』としか思わなかったわ。それよりも、ダイビング中に見えていた肌色のことが気になっていたから」

ボートに戻ってから、石野さんはインストラクターに「自分たちの他に、ダイビング客がいたか？」と、それとなく聞いてみたという。

だが、そのインストラクターはにべもなく否定した。

「他のボートが近くにないから、あり得ない」というのが、彼の答えだった。


その日、ダイビングから戻った石野さんは、馴染みの食堂を再び訪れた。

昼食どきを過ぎていたので、客は彼女だけである。

「でも、そのときちょっと妙なことが起こったのね。私がお昼を食べ終わった頃から、急にお客さんが増え始めて。それで、あっという間に満員になっちゃったの」

突然忙しくなった店内を見て、石野さんは急遽手伝いに入ることにした。

驚いたことに、食堂の前には入店待ちの行列まで出来たそうだ。

厨房で店主が「こんなに混んだのは、初めてだ」と呆れた声を出した。

食堂の混雑は、夜十一時の閉店時間まで続いた。


翌日も、石野さんはその食堂で働いた。

元々、沖縄滞在の三日目と六日目に働かせて欲しいと、頼んであったのである。

その日の食堂は、開店と同時に満席となった。

昼夜の境なく混雑が続き、終いには食材が尽きるほど大繁盛した。

「あんた、福の神だねぇ。手伝いに来てくれて、ほんと助かった」

そう言って店主は、日当のバイト料を手渡してくれた。

有難いことに、給金も幾らか割り増して貰えた。

「でも、それだけじゃなくて。その後も私、妙に運が良かったのね。ずっと欲しかった古酒が手に入ったり、長年不通だった友達に偶然会えたりして。それと、予約したホテルに手違いがあって、格安でスイートルームに泊まれたりもしたわ」

不思議と幸運が続き、彼女の沖縄旅行は予想外に楽しいものとなった。


そして、旅行の五日目。

石野さんは、再びスキューバダイビングのツアーに参加した。

日差しもさほど強くはなく、沖合の波風も穏やかな午後である。

プレジャーボートから海面へ降りると、潜る準備を始めた。

「ダイビングって、必ず〈耳抜き〉をやらなくちゃいけないでしょ。じゃないと、途中で耳を傷めるし、それが原因で事故になることもあるから」

海面から少し沈んだところで、石野さんは自分の鼻をつまんだ。

鼻腔を塞いで力むことで、鼓膜に水圧との均衡を持たせる耳抜きの方法である。

ぎゅっと目を瞑り、いきんで息を止める。
すると〈ぽん〉と耳の通りが良くなったので、閉じていた瞼を開いた。
――目の前に、女の顔があった。
色が白く、均整の取れた美しい顔の女性だった。
が、石野さんが驚いた瞬間、女の顔は視界から消えてしまった。
（えっ、いまの誰っ？）
反射的に首を回すと、遠ざかっていく大きな魚のヒレが見えた。
朱色の、熱帯魚を思わせる精彩な色合いの尾ビレだが――
その尾の向こう側に、しなやかな黒髪が〈ぱあっ〉と散り広がるのが見えた。
（えっ、あれって……もしかして、人魚？）
そいつは尾ビレで〈ぐんっ〉と水を蹴ると、瞬く間に海の彼方へと消えていった。

「で、その後、珊瑚礁を泳いだんだけど、酷くてね。水は濁っているし、魚も全然いなくて。でも私、そんなのどうでも良かったわ。だって……目の前で人魚見たのよ。それが頭にこびりついちゃって、ダイビングどころじゃなかったわ」
ダイビングを終えて陸に上がっても、人魚を見たことが頭から離れない。

ただ、それを他人に話してみる気にはならなかった。

その翌日、石野さんは約束していた食堂のバイトに向かった。

しかし、前回と違い、その日はお客さんがまったく入らなかったという。

営業時間中、ずっと閑古鳥が鳴き続けていたのである。

仕事の最後に店主が『あんた、福の神じゃなかったね』と、苦笑交じりに言った。

それを聞いて――彼女は、あることに気がついた。

「私、人魚にとり憑かれていたんだって、そのときに気づいたの。多分、最初のダイビングのときに身体に入られて……そのせいで、幸運が続いてたんだって」

そう考えると、諸々の出来事に辻褄が合うのである。

「多分人魚って、とり憑いた人に幸福を齎《もたら》すんじゃないかしら。だから私、もっと早くに気づいておけば良かったって思うの。そしたら、宝くじを沢山買って……きっと今頃、大金持ちよ。もちろん、ダイビングしまくりよ」

最近も、石野さんは頻繁に沖縄へ通っている。

どうやら、再び人魚にとり憑かれることを、彼女は密かに目論んでいるらしい。

雪中ラーメン

先日、偶々《たまたま》入ったラーメン屋で、暇潰しに店主と会話をした。

聞くと、店主の上田さんは三十数年前に上京し、この店を開業したのだという。

北海道出身の男性で、若い頃は地元でサラリーマンをしていたらしい。

「どうしても、作りたいラーメンがあってさ。有名店に弟子入りしたり……自分なりに試行錯誤しているうちにさ、自分の店を持つことができたんだ」

そんな上田さんが、まだ北海道にいた頃に体験した話である。


当時、上田さんは札幌市にある不動産会社に勤めていた。

仲介業だけでなく、土地売買も手掛ける営業マンだったという。

そのため、社用車を使って売買候補地まで出張することも多かったそうだ。

もっとも、雪深い地方なので、土地売買ができる時期は自ずと限られている。

雪に埋まった土地の査定をするのは、物理的に難しいからである。

「とどのつまり、冬場はオフシーズンってことなんだ。だからその分、雪のない季節に業績を上げておかないと不味かったんだよ。北海道は夏が短いからね」


ある年の、仲秋のこと。

用地売買の案件があり、上田さんは社用車で石狩市にある村落へと向かった。

その日は朝から天候が下り気味で、空にはちらほらと白雪が舞っていた。

（この程度なら、それほど積もりはしないだろう）

営業成績を上げておきたい欲目もあり、天候の変化を甘く見積もったのである。

が、結果的にその目論見は大きく外れることになった。

目的の村落に到着するよりも先に、吹雪に捕まってしまったのである。

「自分が北海道民だっていう驕りもあったんだよ。吹雪には慣れっこだから、どうにかなるとタカを括っていたんだ」

近道をしようと思い、途中から幹線道路を外れて、側道を使ったのも不味かった。

積雪で道幅がわからなくなり、前輪を側溝に填《は》めてしまったのである。

何とか抜け出そうと色々試みたが、タイヤが虚しく空回りするだけだった。

「でも、助けを呼ぼうにも、当時は携帯を持っていなくてね。かといって、側道には滅多に車が通らないし……さすがに、命の危険を感じ始めてね」

車載ヒーターで凌ぐことも考えたが、諦めた。
積雪に排気管を塞がれ、車内に排ガスが充満するのを恐れたのである。
（……村まで、それほど遠くないはずだ）
車内には雪上歩行用の輪かんじきと、小さめの毛布を積んであった。
それを使えば、雪の中でも歩けないことはない。
彼は車を乗り捨てて、目的の村落まで歩くことにした。
雪雲に覆われた空はどんよりと暗く、雲間が開く気配はなかった。
時折、突風に舞い上がった粉雪が、波飛沫《なみしぶき》のように上田さんの顔を叩いた。
頭から被った毛布は雪を吸い、じっとりと重くなる一方である。
やがて、吹雪が激しくなってくると、進んでいた方向を見失ってしまった。
（まいったな。これじゃ、車にも戻れないぞ）
疲れて足も上がらなくなり、やがて彼は雪溜まりに座り込んでしまった。
――もう、駄目かもしれん。
意識が朦朧とし、瞼が鉛のように重くなった――そのときである。
遠くから〈しゃん、しゃん、しゃん〉と、鈴の鳴る音が聞こえてきた。
沢山の鈴が纏まって鳴る、小気味の良い音色だった。

視線を上げると、霏々《ひひ》とした降雪の向こうに仄かな明かりが見える。

どうやら、その明かりはこちらに近づいてくるようだ。

「お、おいっ！　助け……助けてくれ」

必死に叫んで、悴《かじか》んだ両手を目一杯に上げた。

――目の前で止まったのは、一頭立ての馬橇《うまぞり》だった。

市内では見掛けなくなった橇で、その先頭には馬の手綱を引く人影がある。

『○×ッ！　◎▲※●○△っーーー!!』

聞き取り難い声を上げて、馬橇から男性が降りてきた。

両頬と顎に長い黒髭を蓄えた、がっしりとした体格の男性だった。

その背後には、若い女性と小さな子供が顔を覗かせている。

「民族衣装っぽい服を着ていたし、最初はアイヌの人たちかと思ったんだよ。だけど、言葉はアイヌとも違うみたいで、ひと言も聞き取れなくてさ」

彼らは上田さんの体から雪を払うと、布地の厚い毛布を渡してくれた。

そして、馬橇からシャベルを持ち出してきて、雪溜まりに大きな穴を掘り始めた。

どうやら、即席でかまくらを作ってくれるらしい。

気がつくと、馬橇の傍で井桁《いげた》に組まれた焚火《たきび》が煌々と燃えていた。

そこに吊るされた鉄鍋を、若い女性が木べらでかき混ぜている。
かまくらの中に座っていると、男性が丼ぶりを持ってきてくれた。
『●△※テッ！』
彼の言葉はまったく聞き取れないが、食べろと言っているらしい。
丼ぶりを覗き込むと、それは旨そうに湯気を立てた味噌ラーメンだった。
途端に生唾が湧き、震える唇でスープを啜った。
——しっかりとした味噌の風味が、口一杯に広がった。
どうやって作ったものか、途轍もなく味わい深いスープだった。
深いコクを感じる鮭とばの出汁に、強い味噌の香りが絡み合っている。
スープ表面に浮いた油玉は鶏油《チーユ》のようで、上品な甘みを感じた。
食欲の赴くまま、一気に麺を木箸で啜り上げた。
濃厚なスープを絡めた麺にはコシがあり、噛むと口の中で弾けるようだ。
盛りつけの炒め野菜は香ばしく、しゃきしゃきとして瑞々しい。
スープに散らされたコーンの粒を噛み潰すと、甘い汁が〈じゅっ〉と溢れてきた。
——何もかもが、最高のラーメンだった。
夢中で麺を啜っていると、上田さんは〈ぽんぽん〉と肩を叩かれた。

見ると、髭面の男性が正面にしゃがみ込んでいる。
言葉はなかったが、(もう、大丈夫だから)と励ましてくれているようだ。
思わず上田さんは、ラーメンを食べながら、むせび泣いた。
男性の優しい気持ちが、ただ嬉しかった。
——ぽん、ぽん、ぽん、ぽん。
顔を伏せて泣く上田さんの肩を、男性は慰めるように叩き続けている。
「ちょっと……ちょっと、あなた」
いつしか肩を叩く手が止まり、体を大きく揺すられた。
「ねえ、あなたっ……そんな所で何やっているのっ⁉」
背後から声を掛けられ、上田さんは座ったまま振り向いた。
——えっ?
玄関の明かりを背にして、見知らぬ中年の女性が自分を見下ろしていた。
気がつくと、かまくらは消え失せて、周りの風景も一変している。
最前まで目の前にいた男性の姿もなく——
何よりも、あの最高に美味しかったラーメンがどこにもない。
「ちょっと、あなた。ここ、うちの玄関の前なんだけど……どうしたの?」

そう言われて、自分が知らない民家の玄関先で座っていることに気がついた。

「それがさ……いつの間にか、目的の村に着いていたみたいなんだよ。で、その民家の人に事情を話して、助けて貰ったんだけど」

家に上げて貰った後も、上田さんは暫く状況が呑み込めなかったらしい。

どうやって自分が目的の村に着いたのか、皆目見当がつかなかったからである。


翌年の春先、上田さんは再び村落を訪れた。

助けてくれた民家の方々に、改めてお礼を言いに行ったのである。

近くに車を止め、菓子折りを持って玄関先に立った。

と、——そのとき、前庭に設えられた花壇にふと目が留まった。

雪解けで芽吹いたクロッカスの新葉に混ざって、小さな人形が三つ置かれていた。

陶器製なのか、三体の人形は根雪《ねゆき》に半分埋まっている。

(ん？　何か、見覚えのあるような……)

妙に気になり、人形を凝視して——思わず息を飲んだ。

花壇にある陶器の人形は、上田さんを助けてくれた三人とそっくりだった。

父親と思われる髭面の人形は、両手でラーメンを抱えていた。

若い女性の人形は大きな木べらを持ち、その隣で子供の人形が笑っている。

それはまるで、あの三人を生き写したかのような陶器人形だった。

驚いた上田さんは、玄関で迎えてくれた奥さんに人形のことを訊ねてみた。

「これね、可愛いでしょ？　園芸店で買った、コロポックルの人形なの」

雪解け水に洗われた陶器の人形を指さしながら、奥さんが教えてくれた。

——ああ、そうか。俺はあのとき、コロポックルに救われたのか。

上田さんは、心の中で深く感謝したという。


その後、上田さんは不動産屋を辞め、ラーメン屋を目指すことにした。

雪中で食べたあのラーメンが忘れられず、もう一度食べたいと切望したのである。

「でも、中々あの味を再現できないんだよ」

その言葉の謙虚さとは裏腹に、上田さんは自信ありげな笑みを浮かべた。

Sorry My Baby

先日、ネットを介して、友人の欣怡《シンイー》さんと会話をした。

彼女は長く東京で暮らしていた女性だが、現在は上海に帰郷している。

お互いの近況報告を交わすと、「そう言えば」と彼女がこんな話をしてくれた。


つい最近のこと。

平日に彼女は、父親と一緒に上海市内にあるデパートへと出掛けた。

市内でも比較的規模の大きな、総合百貨店だったという。

「その日は社休日で、折角だからお父さんを買い物に誘ったんですよ。でも、お父さんったら、ちょっと歩いただけで『家電売り場で休もう』って言い始めて」

そのデパートには食品店や衣料品店の他に、家電量販店も入居している。

広い敷地面積を有する店で、その一角には電動マッサージチェアの売り場があった。

そこに展示されている試供台で休めると、父親は言うのである。

日本の家電量販店でも見かける光景ではあるが、中国もさして変わらないらしい。

歩くのに草臥れた客が、無料の電動マッサージ機に群がるのである。

もっとも、その日は平日だったせいか、さほど売り場は混んでいなかった。

早速、欣怡さんはマッサージチェアに座り、開始ボタンを押した。

すると、心地よい駆動音と共に、揉み玉が振動を始めた。

「揉み始めは少し痛いけど、五分もしたら気持ち良くなってきて……私、ついウトウトしちゃったんです」

どれほど時間が過ぎただろう。

体を揺すられた感覚があり、欣怡さんは微睡《まどろ》みから目を覚ました。

(店員?)と俄かに緊張し、慌てて上体を起こそうとした。

が、体が動かなかった。

——えっ?

何とか起き上がろうと足掻いたが、なぜか体が言うことを聞かない。

助けを求めるにしても、近くに人の居る気配がなかった。

視界の先には、さっきと変わらない家電売り場の光景が広がっているだけである。

と、そのとき——嫌なことに気がついた。

視線を下ろすと、何か小さなものが胸元で蠢いていた。

そいつは、彼女の上を〈もぞもぞ〉と這いながら、顔に近づこうとしている。

毛を剃られた鼠に似た、ピンク色のそれは——

じっとりと濡れた、人間の胎児だった。

驚いた彼女は咄嗟に振り払おうとしたが、やはり手が動かない。

やがて胎児は胸元から這い上がり、疣《いぼ》のような小さな手で彼女の顎先に触れた。

——媽ぁ媽ぁぁ。

鳥の囀《さえず》りのような甲高い声が耳朶《じだ》に響き、彼女はそのまま気を失った。

「目が覚めたとき、お父さんに『お前、うなされてたぞ』って言われました。でも、私にはあのときの出来事が、ただの夢だとも思えなくて……」

気になった欣怡さんは、数人の友人に自分の体験を話してみたのだという。

すると、ひとりの友人が「そのデパートなら、詳しく知ってる」と言ってくれた。

以下は、そのとき彼女が友人から聞いた噂話である。


件のデパートが開業する前、そこの敷地には産婦人科の病院が建っていた。

経緯は不明だが、病院が建屋の半分を取り壊して、その土地を売却したらしい。

件のデパートは、その空いた土地に建設されたのである。

噂では、その建築工事の際に、複数の作業員が事故死したと言われている。

また、開業後もデパートの関係者が立て続けに亡くなったようだ。

これを祟りと恐れたデパートの経営者は、道教の道士に助けを求めたのだという。

『除霊し切れん数の赤子が、店中を飛び回っておるな。が、この赤子たちの霊を慰めんことには、この先も人死にが続くぞ』

忠告を受けた経営者は、霊魂を鎮める方法を探索したらしい。

だが、世間体を考えると、あからさまに慰霊碑を建てるのも憚られる。

そこで経営者は一計を案じ、秘密裏に霊魂を鎮めるための手段を編みだした。

デパートの館内に、オリジナルのＢＧＭを流すことにしたのである。

「対不起、対不起、我的孩子～♬」

その曲は弦楽器を伴奏とし、女性歌手が同じ歌詞を繰り返すだけの歌謡曲だった。

――歌詞を訳すと、「ごめんね、私の赤ちゃん」という意味になる。

つまり、経営者はＢＧＭの様式を擬して、館内に〈鎮魂歌〉を流したのである。

もっとも、その鎮魂歌は曲調が軽快で朗らかだったというから、歌詞の意味を怪しんだ客は少なかったのかもしれない。

「でも、いまはもう、その曲は流されていないみたいです。私が行ったときには、歌詞のないＢＧＭが流れていましたから」

そして彼女はもうひとつ、話をつけ加えた。

デパートの隣に残っている、建屋が半分となった病院についての噂話だった。

どうやら以前、そこの病院内でも「対不起、我的孩子～♬」という、件の〈鎮魂歌〉が流されていたと言うのである。

「うちの国、少し前までひとりっ子政策やってたから……昔は中絶手術をする親が多かったんですね。私が見たのって、多分〈それ〉だったんじゃないかって」

そう言うと、欣怡さんは溜め息をひとつ吐いた。

呆れ返って二の句も継げないような、そんな溜め息に見えた。

震災の記憶

　つい先日、都内で介護職に就く美紀さんに、取材をさせて貰った。

美紀さんは兵庫県明石市の出身で、九年前に御主人と東京に越してきたのだという。

そして、彼女は平成七年に発生した、阪神淡路大震災の被災者でもあった。

「当時、私はまだ五歳でしたけど、割と鮮明に記憶が残っているんですよね。まぁ、それだけ衝撃的な出来事だったってことなんでしょうけど」

地震によって、美紀さんが住んでいた家は半壊した。

建屋を支えていた支柱が折れ、屋根が斜めに傾いでしまったのである。

それに加えて、断続的に起こる余震である。

半壊した建屋が何度も揺すられることで、完全に倒壊してしまう恐れもあった。

が、美紀さんの家族は、その家に暫く住み続けることにした。

家族で移り住める場所が、そう簡単には見つからなかったからである。

「住み慣れた家だったし、私は離れるのが嫌だったんですよ。ただ、地震とは別に、ちょっと怖いと思うこともありましたね。というのはですね……」

震災の直後、近くの住宅街で空き巣の被害が多発していたのだという。

また、近隣で押し込み強盗があったという噂も聞いた。

一時的ではあったにしろ、町の治安が悪化していたのである。

そして、そういった類の話は、幼かった美紀さんの耳にも確実に届いていた。

「友達の間でも、そんな噂話をよくしていました。『この間、知らない人に家の中を覗かれた』とか、『朝起きたら、窓ガラスに手形がついていた』なんてね。そういうリアルな怖さって、子供のほうが敏感に感じるんじゃないかしら」


震災が起こって、二ヵ月ほどが過ぎた頃のこと。

ある晩、美紀さんは〈カチャカチャ〉と、金属が鳴る音で目を覚ました。

(何の音？)と上半身を起こし、部屋の中を見回してみる。

震災以降、彼女の家族はリビングに布団を敷き、川の字になって寝ていた。

大きな余震に備えての、用心だった。

リビングにはナツメ灯が小さく灯っているが、薄暗い。

耳を澄ますと、その音は玄関から聞こえてくるようだった。

居間と廊下を隔てるドアは、開け放してあった。
なので、布団の上に座ったまま、玄関まで見通すことができた。
――ドアの表面に、ぼんやりと白いものが浮かんでいた。
それは右に左にと揺れながら、少しずつ上に向かって動いているようだ。
（ん――？　あれ、何だろう？）
目を凝らし、じっと玄関のドアを見詰めると――
その白いものは、人間の手だった。
郵便受けから伸びた人の手が、ごそごそとドアの表面を弄っていたのである。
その手が左右に動くたび、郵便受けがカチャカチャと鳴った。
錠前を探しているのか、指先がまるでピアノを奏でるように蠢いている。
（どうしよう……泥棒だ）
友達から聞いた噂話を思い出し、泥棒がこの家を狙っているのだと考えた。
だが、郵便受けの位置が低いので、指先が錠前に届くことはなさそうだった。
やがて白い手は〈カチャン〉と大きな音を立て、郵便受けに引っ込んでいった。
開錠を諦めたのか、それっきり何の音も聞こえない。
（良かった。泥棒、どっかに行っちゃったんだ）

安心した彼女は、眠くなって布団に潜り込んだ。

昨日の晩に泥棒がやって来たことを、美紀さんは両親に伝えなかった。

なぜそのときに起こさなかったのかと、怒られそうな気がしたからである。

「生活が苦しかったせいだと思うんだけど、その頃は両親が凄くピリピリしていて……ちょっと言い出せなかったんですよね」

そうしているうちに、別の町にある借家へ家族で引っ越すことが決まった。

運よく、手頃な物件が見つかったのである。

その頃には、彼女は泥棒のことなどすっかり忘れてしまっていた。

そして、月日が流れ――

美紀さんの両親は、元々住んでいた土地に新居を建て直すことにした。

震災から十年目の、節目の年のことだった。

それに伴い、地震で半壊した建屋は取り壊されることになった。

「時間は掛かったけど、やっと新築の費用を工面することができて。それで私、元の家が解体される前日に、ちょっと様子を見に行ってみたんです」

十年間放置された建屋は、震災当時の面影を未だに残していた。

傾いだ屋根は瓦が剥げ、汚れたブルーシートが張られたままになっている。
（この分だと、家の中もぐちゃぐちゃかな）
寂しさを感じつつ、美紀さんは玄関のドアを通ろうとして――
突然、あの晩に起こった出来事を思い出した。
泥棒が郵便受けに手を突っ込んで、錠前を探っていたことである。
（そういえば、あのときは怖かったなぁ……）
幼い頃の記憶を辿りながら、泥棒の真似をして郵便受けに指先を入れてみた。
――えっ、嘘でしょ⁉
予想よりも郵便受けの隙間が狭く、指のつけ根から先が入らなかった。
これでは、どんなに腕が細くても、ドアの内側まで進入するのは難しそうである。
また、蓋が下向きにしか開かないので、腕を上向けることも不可能だった。
十年経って、漸く彼女はそのことに気づいたのだ。

「でも私、郵便受けから伸びた手が錠前を探しているのを、間違いなく見ているんです。だから……あれは何だったのかって考えると、気味が悪くなって」
そう言うと、彼女は追憶を断ち切るように軽く首を振った。

病院の警備員

「ばれるとクビになるから。病院の名前と……地名は絶対に書かないでくれ」

そう強く念押しされて、聞かせて貰った話である。


遠藤さんは現在、東北地方のとある町にある病院で警備員の職に就いている。

長年勤めた会社を定年退職し、少ない選択肢の中から見つけた再就職先だった。

「そりゃ、収入はだいぶ減ったけど、年金だけじゃ生活できないから」

一昨年のこと。

遠藤さんは、同僚の警備員が奇妙な話をしているのを聞いた。

深夜、二階にある警備室に詰めていると、屋外に設置された監視用モニターに複数の人影が映るというのだ。

不審に思って玄関へ下りると、外に人はいない。

何人もの警備員が、そんな体験をしているというのである。

「それ、僕も何度か見たことがあったんだけど、屋外のモニターに黒い人影が大勢立っているんだよ。でも、そんなのは警備記録に書かなかったなぁ。上司からも止められていたしね。妙な噂が立つと困るから、余計なことは書かないでくれって」

その総合病院は四階建てだが、十年ほど前、大きな自然災害で壊滅的な被害を受けたために、施設を全面的に改築したのだと聞いている。

その工事が行われた際、警備員室は二階に移設されたようだ。

屋上にも防犯カメラが追加され、遠くの海岸線まで見渡せるように改変されている。

それらすべては、自然災害の再発に備えるための安全対策なのだという。

「……そこの病院もね、随分亡くなっているんだよ。だから、警備員たちも余計なことを言わないんだ。『幽霊が出る』なんて、不謹慎極まりないから」


ある日のこと。

閉館時間となり、遠藤さんは一階のエントランスまで下りた。

そこの病院では、出入り口の管理を警備会社に業務委託している。

そのため、病院の玄関にある自動ドアの施錠も、警備員が行っていたのである。

「両開きの大きな自動ドアでね。ガラスの扉に大きく『○○総合病院』って書かれているんだよ。で、警備員がその前にしゃがんで、足元の鍵穴に鍵を挿すんだけど」

ふと覗き込むと、ガラス扉の向こう側に何かが見えた。

自動ドアから、僅か数歩先の距離である。

それは真っ黒に汚れた、靴を履いていない素足のように見えた。

しかも、ひとりやふたりではない。

数十人分の素足が、ぬらぬらと玄関の照明に照らされているのである。

（まさか！）と、立ち上がったが——ガラス扉の向こうに、人の姿は見えない。

訝しく思って再び屈むと、やはり屋外に裸足がある。

ガラスに書かれた病院名を挟んで、その上下で見えるものが違っていたのである。

「ぞっとしたけど……すぐに気持ちを取り直したよ。だってよく見たら、その裸足のどれもが、ボロボロに汚れていたからね。聞いた話じゃ、災害のときにここの敷地まで『ご遺体』が流されてきたってことだから……そう考えると、何だか哀れでね」

遠藤さんは、そのときに見たことも警備記録には残さなかった。


そして、つい最近の出来事である。

ある晩、遠藤さんが一階を巡回していると、強くドアが叩かれる音を聞いた。

だが、時刻はすでに深夜二時を回っている。

とっくに患者の面会時間は終了し、救患の知らせも入っていない。

ドアを叩く音は、玄関ではなく建屋側面の通用口から聞こえてくるようだ。

「ただ、偶に近所の人が連絡なしに来院することがあってね。そういうときは、警備員が話を伺う決まりになっているんだ」

急いで通用口のドアを開けると、泥水に濡れたジャージ姿の男が立っていた。

顔や頭髪にもべっとりと泥がつき、全身が真っ黒に汚れている。

しかし、出血している様子はなかった。

「……どうしました？　ご用件は何でしょう？」

男の挙動に注意しながら、遠藤さんは話し掛けた。

だが、その男は答えようとしない。

のろのろと遠藤さんに歩み寄るだけで、ひと言も喋らないのである。

「あの……どこか怪我をされていますか？　先生を呼びま――」

再び問い掛けると、突然その男が抱きついてきた。

その途端、密着した胸の辺りにぬるりとした嫌な感触を覚えた。

饐えた潮溜まりのような臭いが、鼻先をツンと刺激する。

「ちょっと、アンタッ！　何するんだっ！」

遠藤さんが、慌てて男を引き離そうとした瞬間——

まるで乾いた砂細工のように、男の体が〈さらさら〉と粉になって崩れた。

さっきまで抱きついていた男が、一瞬で跡形もなく消え失せたのである。

——え、えっ？

仰《の》け反《ぞ》った姿勢のまま、遠藤さんはその場で凝然《ぎょうぜん》と立ち尽くした。

いま、目の前で何が起こったことに、理解が追いつかなかったのだ。

「それでも、一応周囲を探ってみたんだけど、人なんかどこにもいなくてね。それで、さすがに怖くなって警備員室に逃げたんだよ。体も、やたらとぬるぬるするし」

制服を脱いでみたが、ワイシャツは濡れていない。

ならばと、肌着を捲ってみて——ギョッとした。

胸の素肌が、粘り気のある泥で酷く汚れていたのである。

その泥は血が混ざったように赤黒く、海水のように磯臭かった。

「幽霊って、衣服を通り越して直接肌に触ってくるんだと、初めて知ったよ」

体についた磯臭さは、家でシャワーを浴びるまで消えなかった。

「でね、それからなんだけどさ……いまでも偶に、病院内であの男を見掛けるんだよ。

あいつ、夜の廊下をふらふらと歩いてやがってさ」

やはり男はジャージ姿で、全身が泥だらけなのだという。

どうやら、警備員や当直医の中には、男を目撃する者もいるようである。

だが、そのことが口外されたことはない。

皆、〈幽霊だから仕方がない〉と、割り切っているようなのだ。

「ただ、あの男が院内を徘徊するようになってからさ……ちょっと、気になることがあってね」

ここのところ、病院内で入院患者が立て続けに亡くなっている。

それも、さほど重病でもない患者が、いきなり危篤状態に陥るのである。

もちろん、それがあの男と関係しているのかは、わからない。

「でも、俺があの男を病院内に入れちまったんじゃないかと思うとさ……どうにも、バツが悪くてな」

別の働き口が見つかれば、さっさと転職したいのだと、遠藤さんは呟いた。

廊下の高窓

介護職に就いている中島さんに、取材をさせて貰った。

以前彼女が働いていた、神奈川県にある老人ホームについての話である。


そこの老人ホームにある三〇三号室には、入居者がいないそうだ。

中島さんが勤める前から無人であり、ドアには廊下側から南京錠が掛けられている。

しかし、病院はその部屋を〈空き部屋〉という扱いにはしていない。

部屋の管理台帳に、『〇〇』という入居者の名前が記載されているのである。

齢八十三の、高血圧症を患っている男性であるとも書かれていた。

が、実際にはそんな入居者などいない。

「管理台帳のミスかと思って、施設の先輩に訊ねてみたんです。だけど『それ、気にしないで』って、軽くあしらわれてしまって」

働き始めてから間もなく、中島さんはあることに気がついた。

夜、彼女が廊下を巡回していると、三〇三号室の高窓から人が覗くのである。

ただ、高窓は天井近くに設えてあるので、常人の手が届く高さではない。

窓にいるのは年老いた男性のようで、縁に指を掛けて見下ろしてくる。

が、もちろん三〇三号室に入居者がいないことも理解している。

そのため、中島さんはその部屋の前を、いつも速足で通り過ぎたのだという。

怖いとは思うが、これも仕事の一部だと割り切っていたのである。

「介護をやっていると、臨終の場に立ち会うことも多いし、お化けが怖いなんて言っていられないの。ただ……あの老人ホームは、ちょっと違っていて」

勤めて一年が過ぎた頃、彼女はもうひとつ別のことに気づいた。

三〇三号室の両隣に入居する老人が、やたらと早く亡くなるのである。

転居後、一ヵ月で亡くなる入居者はざらで、中には入って三日目で臨終を迎える人もいた。

老人ホームで人が亡くなるのは自然なことだが、だとしてもおかしい。

両隣にある部屋の〈回転率〉が、あまりにも高過ぎるのである。

「気になって様子を見ていたんだけど、三〇三号室の隣室に移される利用者さんって、割と手の掛かる人が多かったんですよ。痴呆症が進んでいたりして……施設にとって、コストに見合わない人が多かったみたいで」

もちろん、施設側が意図してやっているのだと、断定することはできない。

ただ、そのことに気がついてから、そこの老人ホームで働くのが嫌になった。施設経営の底暗さを覗いたような気がして、仕事に対するモチベーションを保てなくなったからである。


現在、中島さんは別の施設で介護士の仕事を続けている。

給料は安く、重労働の職場ではあるが「自分には介護の仕事が合っているから」と、彼女は衒《てら》いもなく言った。

ひとつ手前で

つい先日、同じ会社で働く松田さんに「何か怖い体験は無いか？」と聞いてみた。

すると、「怖いかどうか、わからないですが」と、こんな話を教えてくれた。


「僕、二十年くらい前に、別の会社で営業やっていたんですよ。それで、あるお客さんから、打ち合わせに来て欲しいって頼まれまして」

得意先は渋谷区に事務所を構える広告代理店で、最寄り駅は恵比寿である。

打ち合わせは、朝の九時半に始まる予定だった。

当日の早朝、松田さんは一旦、四谷にある会社に寄ってから四谷三丁目駅で地下鉄に乗り、霞ケ関で日比谷線に乗り換えたのだという。

ただ、不覚にも松田さんは日比谷線の車両内で、つい居眠りをしてしまった。

「その頃は連日残業続きで、少し疲れが溜まっていたんですね」

最後尾の車両に乗り込んだせいか、乗客は少なかった。

シートに座り、益体《やくたい》もなく眠りこけていると——

突然、ゆさゆさと膝頭を揺すられた。
「あんた、起きなさいな。恵比寿に着きましたよ」
優しげな声に促されて目を開けると、見知らぬ老婆が微笑んでいる。
（えっと……駅に着いた？）
寝惚けながら顔を上げると、「恵比寿」と書かれた駅名標が視界に入った。
――しまった、降りなきゃ！
大慌てで、閉じる寸前の自動ドアから飛び出した。
同時に、背後で自動ドアが〈ぷしゅっ！〉と音を立てた。
間一髪で、彼は目的の駅を乗り過ごさずに済んだのである。
が、周囲を見回すと、さっきのお婆さんがいない。
（あれっ？　あのお婆さん、降りなかったのかな？）
時計を見ると、九時になる少し手前だった。
のんびりしている暇もないので、松田さんは得意先へと向かうことにした。
打ち合わせは、一時間ほどで終了した。
「これから戻る」と会社に連絡し、松田さんは恵比寿駅に向かうことにした。

だが、駅に着くと、なぜか改札の前に人集《ひとだか》りができていた。

駅員に聞くと、日比谷線で脱線事故が発生し、運行がストップしているのだという。

「それ、複数の方が亡くなった、大事故だったんですね。当時、凄く大きなニュースになっていましたが……」

公式には『帝都高速度交通営団日比谷線　中目黒駅構内列車脱線衝突事故』と呼ばれるその脱線事故は、平成十二年三月八日午前九時一分に発生した。

北千住発、日比谷線下り電車「東急東横線」の最後尾八両目が中目黒駅手前のカーブで脱線し、対向のレールを走行中だった上り電車「東武鉄道伊勢崎線」の五、六両目と側面で衝突したのである。

双方の車両が大破し、死者五名、負傷者六十三名を数える大惨事となった。

だが、死亡した五名は東武線側の乗客であり、東横線側の乗客に死者はいない。

その日、日比谷線下り電車は空いており、また衝突した車両のロングシートに乗客が座っていなかったことが、最大の理由である。

——松田さんが居眠りしていたのは、まさにそのロングシートだった。

もし、彼が恵比寿を寝過ごしていたら、事故死していた可能性が高かったのである。

「で、後になって気づいたんです。あのお婆さん、何で僕が恵比寿で降りることを知っていたのかって……だって、まったく見ず知らずの人ですよ」

ここまで話を聞かせて貰った時点で、筆者は思わず松田さんの話を遮ってしまった。

「その体験って、福知山線の事故と同じシチュエーションですよね？」

このことを確認せずには、居られなかったのである。

半ば都市伝説化した話なので、御存じの読者も多いと思われる。

平成十七年四月二十五日、福知山線（ＪＲ西日本）が脱線事故を起こした。

百七名もの乗客が犠牲となった、日本の交通史において未曽有の大惨事である。

そして、この事故の翌日、新聞に奇妙な記事が掲載された。

以下は平成十七年四月二十六日発売のスポーツ報知に掲載された、ある記事を要約したものである。

『福知山線に乗っていたある女性が、伊丹駅での停車中、見知らぬ老婆に腕を引っ張られ、電車から降ろされた。その後、ホームで事故のアナウンスを聞いた女性が老婆を探したが、老婆の姿は消えていた』

当時、この記事は怪談めいた不可解な出来事として、テレビでも報道されている。

細かな部分で状況は異なるが、松田さんの体験は「見知らぬ老婆」に「事故を起こす直前の駅」で電車から降ろされた、という点で一致を見るのである。

「ええ、僕もその話は知っていますよ。だから、福知山線の事故のとき、『世の中には、同じ体験をする人がいるんだ』って感心したんですよ。ただですね……」

声のトーンを落とすと、彼は呟くように続きを語った。

「僕、日比谷線の事故が初めてじゃないんです。地下鉄サリンのときも、手前の駅で降りているんですよ。もっとも、そのときは自分から電車を降りただけでしたが……でも、乗っていた電車が二度も大惨事になるなんて、そんな確率あり得ますかね？」

そこまで話すと、松田さんは自分の仕事場へと戻っていった。

因みに、現在彼は車通勤しているので、電車に乗ることは滅多にないそうだ。

星川

いまから二十数年前。

当時、夫と息子の三人で暮らしていた高木さんが、お盆に里帰りしたときの話だ。

彼女の実家は埼玉の熊谷市内にあり、少し離れたところには両岸に遊歩道が整備された、「星川」という景観の美しい川が流れている。

「その年は帰省中に息子を連れて、星川の遊歩道を散歩したんです。天気も良かったし、川沿いに歩けば涼しいと思って」

が、五歳になる息子が、散歩の途中で突然泣き出した。

遊歩道から川縁を指さして、「怖い」と言って母親に抱きつくのである。

しかし、息子が何を怖がっているのか、皆目見当がつかない。

星川は川幅が狭く、子供が怖がるほどの深さもなさそうだ。

「どうしたの？　怖くないでしょ？」

そう言って高木さんは宥めたが、息子は一向に泣き止む気配を見せない。

埒が明かず、「何が怖いんだ？　言ってごらん」と旦那が問うと——

「みんな、真っ赤っか！　いっぱい人が燃えてる！　ごわいい〜〜っ!!」

だが、幾ら川辺を見回してみても、火が点いた場所などない。

川面で反射した陽光が、踏み石で遊ぶ子供たちを照り返すだけである。

結局、泣き叫ぶ息子を連れて、高木さん夫妻は実家に引き返すことにした。


愚図る息子を寝かしつけた後、彼女は先ほどの出来事を母親に話したという。

すると、母親の表情が俄かに曇った。

「あぁ、今日は八月十五日だったのね。私、忘れていたわ……」

そう言うと、母親はこんな話を始めた。

昭和二十年八月十五日——

熊谷は、米軍による空襲を受けた。

その日の未明、無差別に投下された焼夷弾で、市街地が火の海と化したのである。

街の住民らは逃げ惑い、大勢が炎に焼かれて死んだのだという。

特に星川の周辺は、酸鼻《さんび》を極める惨状となった。

川辺に殺到した住民が焼夷弾に焼かれ、百人近くが焼死したのである。

当時、女学生だった母は、辛うじて市街地から避難することができた。

が、仲の良かった同級生数名が、星川の川辺で亡くなっているのだという。

「本当に可哀そうだったよ……玉音放送が流れたのは、空襲があった日の昼だったからね。せめて、あと一日早く降伏していたら、あの子たちも死なずに済んだのに」

目尻を指で拭いながら、母親が悔しげに呟いた。

「いまはもう、息子も大人になって、川で亡くなった人たちを見たことなんて、ぜんぜん覚えていないみたいだけど……あの日、母が空襲のことを悔しそうに語っていた姿は、忘れられないわ」

数年前、母親は脳梗塞で倒れ、そのまま帰らぬ人となった。

その後、実家も売却してしまい、高木さんが熊谷を訪れることはなくなった。

サイゴン川

以前、所属していた部署で、フィリピンからの研修生を指導したことがある。

現地の工場に勤める若いエンジニアで、研修期間はひと月ほど。

技術的な教育を行い、自国の工場で活躍して貰うことが目的だった。

あるとき、指導の合間に「怖い話を知らないか?」と訊ねたことがあった。

すると、『自分ではないが、父の体験談なら』と、彼はこんな話を教えてくれた。


彼の父親は名をハンスといい、若い頃フィリピン海軍の海兵隊員として、ベトナム戦争に出兵した経験があるのだという。

ベトナム戦争当時、北ベトナム軍の反攻に苦慮したアメリカ政府が、フィリピン政府に積極的な軍事支援を要請していたのである。

現地でハンスさんが所属したのは、警護部隊だった。

サイゴン(現在のホーチミン市)を軍事拠点とし、任務を遂行したのである。

一九六六年の晩夏。

ハンスさんは、サイゴン川を北上する輸送船の護衛を行うことになった。北東部に置かれた米軍の中継基地から補給要請があり、ハンスさんの所属する警護部隊に命令が下ったのである。

その途上、ハンスさんたちは北ベトナム軍からの奇襲を受けた。

敵の機銃掃射により、三艘出航した輸送船のうち、二艘が沈没したのだという。

サイゴン川の支流に入ったところを、両岸から狙い撃ちにされたのだ。

後にベトナム戦争の転機となる『テト攻勢』が行われるまで、まだ一年もの猶予を残した時期での惨禍だった。

攻撃を受けた輸送船は操舵不能となり、船員たちは次々と撃たれていった。

――そのときハンスさんは、銃撃で戦友がハチの巣にされるのを見たという。

直後、彼は輸送船から飛び降り、川の下流へ向かって必死に泳いだ。

その判断が、彼の命を紙一重で救うことになった。

幸運なことに、数百メートル下流の川岸に無事流れ着くことができたのである。

一方、同様に川へ飛び込んだ兵士たちは、その殆どが助からなかった。

泳いで川岸に近づいたところを、敵兵に狙撃されたのだ。

(このまま隠れながら、味方を待つしかない)
敵の銃撃を躱《かわ》したものの、単身でベトナムの密林に取り残されたのである。
その上、下手に動けば敵兵に見つかりかねない。
ハンスさんは川岸の木陰に身を潜めながら、味方の救出が来るのを待つことにした。
やがて密林の夜も明け、サイゴン川に朝日が射し始めた。
ハンスさんは、必死に眠気を堪えながら川面を見詰めていたという。
気がつくと、いつしか密林に朝霧が立ち込めていた。
その霧は川岸を伝い、あっという間に川を覆い尽くしてしまった。
辺りは深閑として、虫の鳴き声すら聞こえてこない。
と、——その静寂を破って『おーい』と、呼びかける人の声が響いた。
慌てて川上に目を向けると、一艘の船が朝霧を掻きわけながら近づいてくる。
それは、フィリピン軍が使っている輸送船だった。
見ると、船上には味方の兵隊が乗っている。
皆、にこやかな笑顔を浮かべ、ハンスさんに向かって手を振っていた。
「おーい、こっちだ！　助けてくれ！」
手を振り返しながら、ハンスさんは必死に叫んだ。

朝霧に射し込んだ陽光に照らされ、輸送船は眩《まばゆ》いほどに白く輝いている。
水音もなく、輸送船はどんどん近づいて——
ハンスさんの目の前まで来ると、フッと消えてしまった。
〈えっ⁉　そんなっ！〉
目を凝らして川面を探したが、どこにも輸送船の姿はない。
眼前にまで迫っていた輸送船が、一瞬で姿を消してしまったのだ。
〈いや……違う。あれは、生きている人間の船じゃない〉
昨日、銃撃で亡くなった戦友が船上にいたことに、ふと気がついたのである。
——俺は、あの船には乗れない。こんなところで死ぬ訳にはいかないんだ。
残してきた妻と子供たちのことを想い、必ず生きて帰ると決心をした。

「そのすぐ後に、父は味方の救助艇に助けられたと聞きました。お陰で、フィリピンに戻ってこられたって。でも、僕は父が帰国してからの子供なので……もし、川で見た輸送船に父が乗っていたなら、僕は生まれてこなかったんでしょうね」
穏やかな表情で語り終えると、研修生は静かに胸で十字を切った。

スペキュラム

とある地方銀行の支店で働く、三沢さんにこんな話を聞いた。

つい最近、起こった出来事なのだという。


「この間、事務所で働いていたら、突然『スペキュラム』って言葉が頭に浮かんでね。でも、それが何なのか、どうにも思い出せなくって」

その言葉が頭に浮かんだのは、帳簿を書類棚に戻した直後のこと。

（スペキュラムって、何だった？）と、その場で沈思黙考した。

どれくらい考え込んでいただろうか、はっと我に返ると――

事務所にいたすべての銀行員が、動きを止めていた。

まるで時が止まってしまったかのように、黙ったまま固まっていたのである。

だが暫くすると、各自がバラバラと動き始めた。

「それが不思議な光景でね。さっきまでフリーズしてた連中が、急に調べものを始めたんだよ。パソコンの検索画面を開けたり、スマホを覗き込んだりで……」

中には通話中の受話器を置き、取引先台帳を捲り始めた行員もいた。

サービスカウンターの担当が、『スペキュラムって、何でした?』と、お客さんに問い掛けたりもしている。

「数人の同僚に聞いたらさ、『突然、スペキュラムって言葉で頭が一杯になって、それ以外考えられなくなった』って口を揃えるんだよ。そりゃあ、俺を含めてだけど……どうも、あの場にいた銀行員が、全員同じ状態になっていたみたいなんだ」

一方、店内にいたお客さんの中に、奇異な振る舞いをする人はいなかった。

恐らく、お客さんの頭には『スペキュラム』という言葉が思い浮かばなかったのだろうと、三沢さんは推察している。


その日、終業前のミーティングで『スペキュラム』についての発言があった。

二名の女性行員が「スペキュラムって言葉が気になって、仕事に集中できませんでした」と、自己反省を口にしたのである。

が、そのことに言及したのは彼女らだけで、他の行員たちは口を噤《つぐ》んでいた。

『就業中は各自余計なことを考えず、自分の仕事に集中してください』

支店長の訓令を持って、ミーティングはお開きとなった。

因みに、支店長は所用で夕方まで外出しており、件の出来事を体験していない。

「で、その『スペキュラム』って言葉なんだけど、未だに正体がわからないんだよ。取引先にそんな社名は無いし……外国人の客にも、該当する名前は無くってね」

ネットで検索すると、ガンプラやメッキ合金、膣用検鏡などがヒットする。

が、そのどれもが、三沢さんたちの仕事とは何の関係もなかった。

なぜ銀行員たちの頭に『スペキュラム』という言葉が浮かんだのか——

そして、どうして彼らはその言葉に思考を奪われたのか。

結局、誰にもわからないままである。

面影

「まあちゃんって女の子がね、よく遊びに来てたのよ。本名は知らないんだけど、自分のこと、まあちゃんて呼んでいたから」

以前、都内で居酒屋を営んでいた佐和子さんに、話を聞かせて貰った。


「おばちゃん、お店やるの～～～♪」

いつもまあちゃんは、そんな風に声を掛けてきた。

不思議そうに首を傾げながら、小体な店を覗き込んでくるのである。

「そうよ～。おばちゃん、これからとぉっても忙しくなるの」

「ふ～ん。そうなんだ～」

掴みどころのない曖昧な表情を浮かべたまあちゃんは、そう答えた途端に〈ぷい〉と顔を背けて、どこかに行ってしまう。

「まあちゃん、多分高校生くらいの齢だと思うのね。体も大きかったし。詳しくは知らないけど、知能に障害があったんじゃないかしら？」

佐和子さんはそういった事情を慮《おもんぱか》り、できる限り優しく接していたそうだ。

そんな、ある日のこと。

「ねえ、おばちゃん～。これ、あげるう～」

軒先を掃いていた佐和子さんが振り向くと、まあちゃんが片手を突き出している。

掌を広げて受け取ると、それは小さなチョコレートの駄菓子だった。

「あら、チョコくれるの？　ありがと」

佐和子さんがお礼を言うと、まあちゃんは子供のようにケラケラと笑った。

が、すぐに笑うのを止め、いつものように店内を覗き始めた。

「いつも、うちの子がご迷惑をお掛けして、申し訳ありません」

突然、横合いから恐縮した声を掛けられた。

見ると、着物を着た品の良さそうなご婦人が、深々と頭を下げていた。

まあちゃんの母親なのだろう、こちらが恐縮するほど礼儀正しい女性である。

「あっ、いえいえ、大丈夫ですよ。いつも挨拶してくれてね、とってもいい子ですよ。どうか、ご心配なさらないで」

佐和子さんが慌てて取り繕うと、女性はすまなそうに顔を上げた。

その女性の唇が思いのほか赤く、艶めいていたのが印象的だった。

一方、まあちゃんはいつものように、引き戸から店の内側を覗いている。

「迷惑だから、そんなことしちゃ駄目よ」

女性が窘《たしな》めたが、まあちゃんはお構いなしにきょろきょろと店内を見回していた。

が、やがて詮索に飽きると、店の前から歩き去ってしまった。

「本当にごめんなさい。帰ったら、よく言って聞かせますから……」

女性は再び深く頭を下げると、まあちゃんの後ろについて行った。

その女性の我が子を慈しむ様子に、佐和子さんはどこかホッとするような、それでいて切なくなるような、複雑な感情を覚えた。


その翌日もまあちゃんは、佐和子さんの店を覗きにやってきた。

だが、昨日一緒だった母親の姿はない。

「あのね、おばちゃん。まあちゃん、お店でごはん食べたいっ!」

暫く店内を覗いた後、不意にまあちゃんが言い出した。

どうやら彼女は、店が提供している料理に興味があるらしい。

そう言われて、佐和子さんはまあちゃんの願いを叶えてあげたくなった。

もちろん、代金を受け取るつもりなど毛頭ない。

――が、彼女はすぐに考えを改めた。

保護者に許可を取らずに食事を与えられないと、気づいたのである。

「ごめんね。今日はお店に予約が入っているから、ご飯は出せないのよ」

咄嗟に言い訳をすると、まあちゃんは不満そうに口を尖らせた。

「ちぇっ、つまんない。せっかくチョコあげたのに」

その表情があまりに可愛らしいので、佐和子さんは思わず吹き出してしまった。

彼女が意外と計算高いことにも驚いたが、言い様は至って無邪気である。

「そうね～、チョコくれたもんね。どうしよっか？　そうだ、まあちゃん、今度お母さんと一緒に食べに来なさいな。そうしたら沢山御馳走してあげるから」

保護者が同席していれば、問題ないだろうと考えた。

が、それを言った途端、まあちゃんは〈きょとん〉とした顔をする。

「おかあさん～？　まあちゃん、おかあさんなんて、いないよ～？」

「何言ってるの、ほら、昨日一緒に帰ったひとよ。あのひと、お母さんでしょ？」

驚いて聞き返すと、まあちゃんは首をぶんぶんと横に振る。

（……どういうことかしら？　あのひと、母親じゃないの？）

気になって、色々とまあちゃんに訊ねてみた。

辿々《たどたど》しい説明を理解するのに苦労したが、それでも幾つかわかったことがある。

まず、まあちゃんの母親は、若くして亡くなっているらしい。

そのため彼女は、現在は父親と祖父母の四人で暮らしているようなのだ。

だったら、昨日の女性は誰なのかと訊ねたが、彼女は「しらない」としか答えない。

(じゃあ……あの女って?)

疑問に思った佐和子さんは、昨日の女性の顔を思い浮かべようとした。

あの女性がまあちゃんと似ていなかったか、確かめようと思ったのである。

が、なぜか女の面影が頭に浮かんでこない。

口紅の鮮明さは覚えているのだが、それ以外の顔のパーツが思い出せないのだ。

まるで、目の前を霧で覆われたようなもどかしさを感じながら、彼女は記憶の中から女の面影を手繰ろうとした。

「……だめだよ。思い出しちゃ」

――――えっ?

驚いて顔を上げると、まあちゃんが鋭い目つきで睨んでいた。

「それ以上、思い出すと……あんた、死んじゃうよ」

それは、初めてまあちゃんから聞いた、冷たい言葉だった。

なぜ、そんなことを言うのかわからないが——

まあちゃんの様子が、いつもと違っていることに竦然《しょうぜん》とした。

が、その直後に目元が緩んで、やがて彼女は普段の曖昧な表情に戻っていった。

「じゃあね～♪　おばちゃん」

虚ろな瞳をあらぬ方に向けると、まあちゃんはぷいと歩き去ってしまった。

「そんなことがあったけど、あの店を閉じるまで、まあちゃんはほぼ毎日店を覗きに来ていたわね。でも、あの女は二度と見なかったから……あれが何者だったのかって、いまでもよくわからないのよ」

現在、佐和子さんは別の土地に引っ越し、そこでも小さな割烹料理屋を営んでいる。

その店では、希望者を募って〈子ども食堂〉を開催しているそうだ。

根っから子供好きな彼女は、月一度のその日をとても楽しみにしている。

待ち合わせ

以前、アニメーターの仕事をしていた畑中さんに、こんな話を聞いた。

いまから三十数年前、まだ日本がバブル景気に沸いていた頃の体験談である。


畑中さんは当時、アニメ制作会社に勤める傍ら、同人誌のサークルに所属していた。

マニアの間で有名なサークルで、彼はそこのメインライターだった。

「でも、サークルの運営は伊藤って男に任せていたんだよ。編集作業とか、印刷所との交渉を彼が担当していてね」

あるとき畑中さんは、書き上げた漫画原稿を渡すため、伊藤さんと会う約束をした。

待ち合わせ場所は、京王線明大前駅の改札口。

午後一時に原稿を手渡し、それから会社へ向かおうと考えたのである。

約束の日、時間通りに明大前駅に着くと、伊藤さんがまだ来ていない。

が、彼はとても几帳面な性格で、いままで待ち合わせに遅れたことはなかった。

（珍しいこともあるな）と、暫くその場で待つことにした。
明大前駅の改札はさほど広くなく、人を見つけられないほど賑わってもいない。
駅構内を行き交う人の流れも、緩やかでのんびりとしていた。
そのとき、突然改札の内側で怒鳴り声が響いた。
見ると、どうやら一組のカップルが言い争いを始めたようである。
痴話喧嘩だろうか、互いの欠点を論《あげつら》っている様は見ていて面白かった。
が、やがて諍《いさか》いも終わり、カップルは駅のホームに上がっていった。
時計を見ると、午後一時半。
（伊藤の奴、約束を忘れてまだ家にいるんじゃないか？）
彼は改札の脇に並んだ公衆電話で、伊藤さんの家に電話を掛けることにした。
当時はまだ、携帯電話が普及していない時代である。
「……には出られません。御用のある方はメッセージを……」
留守電になったところを見ると、伊藤さんは家にいないらしい。
そうなると、もはや連絡を取る手段はない。
これ以上、時間に余裕もなく、畑中さんは諦めて会社へ向かうことにした。

その日の晩、帰宅すると留守電が入っていた。
「畑中、待ち合わせにこないけど、どうした？」
声の主は伊藤さんだったが、言っていることが頓珍漢である。
（来なかったのは、お前だろ）と呆れていると、暫くして伊藤さんから電話があった。
受話器を取ると「なぜ、来なかった？」と、同じことを聞かれた。
畑中さんも言い返したが、どうも話が噛み合わない。
お互いが「約束通り、待ち合わせに行った」と、主張して譲らないのである。
埒が明かないので、もう一度同じ場所で会うことにした。
翌日、畑中さんが明大前駅に行くと、すでに伊藤さんが改札口で待っていた。
最初に漫画原稿を手渡し、それから昨日の待ち合わせの話になった。
が、やはりふたりとも「俺は約束を守った」と、主張を曲げない。
ならばと、昨日自分たちが立っていた場所を指すと、目と鼻の差もない距離だった。
お互いが真正面に向き合っていながら、相手に気づかなかったと言うのである。
「ならさ……昨日、あの辺に座っていた人のこと、覚えているか？」
改札口から少し離れた路上を指さして、伊藤さんが質問をしてきた。

まるで、畑中さんが嘘を吐いているのだと、決めつけているような態度だった。

「それ、野菜売っていた婆さんのことだろ？　知ってるよ。籠に野菜入れてたよな。

じゃあさ、切符の自販機の前で小銭バラ撒いた奴がいたの、覚えてるか？」

「ああ、禿頭のサラリーマンな。地べたに這い蹲《つくば》って、小銭拾っていたっけ」

ふたりは昨日構内で見た出来事について、次々と上げ連ねていった。

だが、なぜかお互いの証言に食い違うところが見つからない。

幾ら言い合っても、相手の矛盾点を指摘できないのである。

「あっそうだ！　そう言えば昨日、改札で痴話げんかしてた奴らがいただろ？」

「ああ、いたいた。パンチパーマのあんちゃんと、ケバイねえちゃんな」

「そうそう。あの喧嘩、見応えあったよなぁ」

伊藤さんが言うと、畑中さんは笑いながら頷いた。

すでに昨日の約束のことなど、どうでも良くなり始めている。

「でさぁ、俺、あの喧嘩が終わった後、すぐに伊藤ん家に電話したんだよ」

「あっそれ、俺も俺も。でも、留守電だったけど」

「そりゃそうだよな。で、伊藤さぁ……お前、どの電話機を使ったんだ？」

そう言いながら、畑中さんは昨日使用した公衆電話に指を伸ばした。

同時に伊藤さんも、三台ある電話機の一台を指し示す。

——ふたりが指を向けたのは、同じ電話機だった。

つまり、彼らは同時刻に、同じ一台の電話機を使っていたのである。

「嘘だろ？　だって……そんなの、あり得ねぇだろ？」

言いながら畑中さんは、自分の声が震えていることに気がついた。

伊藤さんも、顔色が少し青ざめている。

「これ、ちょっと気味が悪いな。俺たちは昨日……一体、どこに居たんだ？」

自問めいた伊藤さんの問い掛けに、畑中さんは答えることができなかった。

「それで怖くなったから、あの日から待ち合わせに明大前駅を使わなくなったんだ。まぁ、あの出来事が何だったのかは、未だに謎だけど……」

——いま風に言えばさ、平衡世界って奴なのかね？

冗談めいた口調で、畑中さんはそんなことを言った。

佐藤さんは入れない

コロナ禍の頃のこと。

仕事帰りに軽く一杯やろうと思いつき、駅前のバーに立ち寄った。が、行政の指針でアルコール類は一切出せないと断られた。

店内に客はおらず、若い女性のバーテンダーがひとりだけ。

聞くと、彼女は名を佐藤加奈と言い、最近店を任されるようになったらしい。

何かのネタになればと、ノンアルコールビールを片手に、軽い気持ちで彼女との会話を楽しんだ。

「私、正弘っていう名前の兄がいるんです。いまはふたりとも実家を離れているけど、兄妹仲は良くって。で、お兄ちゃんと一緒に体験した話なんですが」

四年ほど前のこと。

兄の正弘さんは、仕事場がある千葉のとある町に引っ越すことを決めた。

当時、彼は居酒屋の店長を務めており、多忙な日々を過ごしていた。

そのため、通勤にかかる時間を減らしたいと考えたのである。

試しに、目についた不動産会社のホームページに条件を入力すると、『〇〇〇〇〇』という冠名のついたマンションがヒットした。

言えばそれと知れる、全国的に有名なマンショングループの物件だったという。

希望より賃料は高めだったが、賄えない金額ではない。

何と言っても、仕事場まで徒歩で通える場所にあるのが魅力的だった。

早速、問い合わせのメールを送ると、その日のうちに電話が掛かってきた。

『佐藤さんなら、〇〇〇〇マンション、大丈夫だと思いますよ』

自分の年収と、父親が保証人になってくれることを伝えると、不動産会社の社員が太鼓判を押してくれた。

とんとん拍子に話は進み、次の休日に部屋の内見を行うことが決まった。

「ただ、その日って、お昼に私と食事をする約束をしていたんです。それで、お兄ちゃん、『待ち合わせが面倒だから、お前も一緒に内見に来い』って誘ってきて」

別に断る理由もないので、加奈さんはその誘いを受けることにした。

次の休日、加奈さんは兄の正弘さんと一緒に不動産会社を訪れた。

駅前の目立つ場所に建てられた、装飾の賑やかな店舗だった。

店内に入ると、左手に衝立で仕切られたテーブル席があり、正面の短い廊下の先に整理された事務机が並んでいる。

男性がふたり、机上のパソコンと睨めっこしているが、こちらに気づく気配はない。事務机の数に比べて人数が少なく、閑散としている印象を受けた。

「いらっしゃいませ。本日はどのようなご用件でしょうか？」

廊下の奥から、スーツ姿の女性が現れた。

五十代前半と言ったところだろうか、やけに声の甲高い女性である。

「あの、電話で連絡した佐藤です。賃貸の相談に来たのですが」

兄が伝えると、女性は手元の台帳に目を落とした。

「あっ、ご予約の佐藤様ですね。本日はご来店頂きまして、誠に有難う御座います。佐藤さんには、○○○○マンションは無理ですね」

丁重な言葉づかいで、その女性が挨拶をした。

――あれっ？　この人、いま何か言わなかった？

女性が発した言葉の中に、何か聞き捨てならないものを聞いた気がした。

が、女性はニコニコと満面の笑みを浮かべている。

「では、お話をお伺いしますので、どうぞこちらにお掛けください。いま、お茶をご用意しますね。佐藤さんは、〇〇〇〇マンションには入れませんよ」

兄妹をテーブル席に案内しながら、女性が言う。

腰が低く、丁寧な物言いではあるが——発言の意図がわからない。

横目で窺うと、兄も憮然とした表情を浮かべている。

女性は店の奥からお茶を持ってくると、真向かいの席に腰を下ろした。

「私、今回佐藤様の担当をさせて頂きます、岡村と申します。どうぞ、宜しくお願いいたします。佐藤さんは、〇〇〇〇マンションに入れません」

名刺を差し出しながら、岡村さんが言った。

「あ、あの、ちょっとすみませんっ！　俺、先に電話で相談させて貰っているんですけど……そのときのこと、伝わってますか？」

堪え切れなくなり、兄が言葉を返した。

この岡村という女性の言い草に、かなり苛立っている様子である。

「はい、電話窓口の担当から、お話は伺っております。ええと、〇〇市の〇〇〇〇マンションをご希望で、住まわれるのは佐藤様おひとりですね。はい、確かにご要望を承っております。佐藤さんは、〇〇〇〇マンションには入れません」

「いや、だから……こっちは電話で『大丈夫』って言われたから来たんだけどっ！」

「はい、来月にお引っ越しのご予定ですよね。繁忙期を外れているので、業者の予約は取り易いと思いますよ。佐藤さんは○○○○マンション、入れません」

「……だからっ！」

幾ら言葉を交わしても、岡村さんとは話が噛み合わない。

――いや、違う。この岡村って女、頭がおかしいんだ。

ふたりの会話を聞きながら、加奈さんはそんな風に感じた。

「だって、あの岡村っておばさん、必ず最後に『佐藤さんは○○○○マンションに入れない』って言うんですよ。すごく失礼だし、気持ちが悪くて」

聞いていると、岡村さんが話す会話の内容も奇妙だった。

丁寧な口調は崩さないが、その返答が殆ど意味を成していないのである。

兄が言った言葉をオウム返しにするだけで、話が前に進んでいない。

「もちろん、お兄ちゃんの収入が足りないってことなのかとも思ったんですよ。飲食店勤務って、生活が不安定だから」

だが、件のマンショングループは、入居審査が甘いという噂も聞いている。

無職の入居希望者や、暴力団との関係が疑われる人物でも、容易に賃貸契約が結べると、巷で言われているのだ。

であるにもかかわらず、正弘さんはまだ入居審査さえ行われていない。

「……だったら俺、この店に来る意味、無いですよね？」

「はい、本日はお越し頂いて、誠に有難う御座いました。佐藤さんは、〇〇〇〇〇マンションには入れませんね」

「おい……加奈。帰るぞ。こんなところ、居ても無駄だ」

兄が、加奈さんを促しながら立ち上がった。

よほど腹に据え兼ねたのだろう、怒りで顔が白くなっている。

すると、岡村さんも立ち上がり、出口へ向かう兄妹の後をついてきた。

そして、店舗の前で深々とお辞儀をし――

「本日は有難う御座いました。佐藤さんは〇〇〇〇〇マンション、無理ですからね～」

「わかったよっ！　うっせえな、ババアッ！」

その慇懃無礼な態度に、普段温厚な兄がキレていた。

「で、その後、ファミレスでお昼を食べたんだけど……やっぱりお兄ちゃん、納得できない様子で『ネットに苦情書いてやる』なんて言い出して」

そのとき、兄のスマホが鳴った。

どうやら、先ほどの不動産会社からの電話らしい。

が、妹に口論を見せたくないらしく、兄は店の外に出て行ってしまった。

二十分ほど待たされただろうか。

やがて兄は席に戻ってくると、こんな説明をした。

「いや、いまの奴、前に電話してきた不動産屋の男なんだけど、『なんで今日、店に来なかったのか？』って言うんだよ。で、意味わかんないから、話を聞いたら……」


なんでも、電話口の男性は正弘さんの来店をずっと待っていたのだという。

が、予定時間を過ぎても来ないので、電話を掛けてきたらしい。

「店には行ったけど、そっちの店員に断られたんだ！」

正弘さんが語気を荒げると、男性が「それはおかしい」と訝しげな声を出した。

『先ほど、うちの店員に断られたと仰いましたが、その店員の名前、わかりますか？』

そう聞かれてポケットを探すと、なぜか受け取ったはずの名刺がない。

が、名前は憶えているので、「岡村」と伝えた。

『……佐藤様、その店員は間違いなく岡村と名乗ったのですね？　申し訳ありませんが、このまま暫くお待ち下さい』

束の間に保留音が鳴った後、再び男性が通話に応じた。

『先ほどの岡村のことですが……少し、込み入った事情がありまして』

できれば他言無用に願いたいと前置きし、男性が説明を始めた。

実はその店舗では、賃貸の申し込みを理不尽に断られたという苦情が、以前から数件ほど寄せられていたらしい。

客たちは全員、「岡村」という女性に酷い対応をされたと、訴えたようだ。

が、店にそんな社員はいない。

正確には、数年前まで「岡村」は在籍していたが、すでに退社しているのだという。

ある日、彼女は上司の机に大学ノートを叩きつけて、断りもなく店から出て行ってしまったらしいのだ。

ノートを見ると、そこには同僚たちへの不満がびっしりと書き込まれていた。

どうやら彼女は、自分が陰で〈お局様〉と呼ばれ、若い社員から腫れ物のように扱われていることを気に病んでいたようだ。

当然、会社としては社員である岡村さんを、そのまま放っておく訳にもいかない。

が、彼女は電話に出ず、自宅に行っても出てこようとしなかった。

数日後、上司が再び自宅を訪れると、すでに引っ越した後だったという。

それっきり、岡村さんは職場に現れず、いまではその生死すら不明らしい。

そのため、岡村という女性が接客することは、あり得ないと男性は言うのだ。

「じゃあさ、もう岡村って人のことはわかったから……結局、俺は〇〇〇〇〇マンションに入れるの？」

少し気味が悪くなり、正弘さんは話を賃貸契約に戻すことにした。

あの岡村という女には、これ以上関わりたくないと思っていた。

が、賃貸の話を切り出した途端、いきなり電話口で男性が黙り込んでしまった。

暫くの間、無言の状態が続いて——

『誠に申し訳ないのですが、弊社内の規定がございまして……佐藤様は、〇〇〇〇〇マンションには入れません』

そう言うと、男性は一方的に通話を切ってしまった。

「で、お兄ちゃん、その後すぐに別の不動産屋に予約を入れて……次の週には、賃貸契約を結んでいました。〇〇〇〇〇じゃない、別のマンションでしたけど」

無駄な時間を過ごしたが、結局、兄の正弘さんに実害は生じていない。
件の不動産会社にも、今後関わることはなさそうだ。
ただ、納得できない部分は残っている。
不動産会社を訪れたとき、店内で数名の社員が働いていたのを加奈さんは見ている。
――なのに、どうして社員たちは「岡村」を見咎めなかったのか。
そして、なぜ電話口の男性が『入れない』と、正弘さんに言い捨てたのか。
そこがよくわからないと、加奈さんは首を傾げた。

スタンド

「前の会社にいたとき、同僚から『お前って、ブレるよな』って言われたんです」

北村さんは、三十代後半のプログラマーである。

現在は転職してスマホアプリを運営する会社に勤めているが、数年前までは別のゲームメーカーでコンシューマーゲームの開発に携わっていた。

「で、プログラミングをやっていた頃の話なんですけど……仕事中、ふと気がつくと、会社の同僚たちに見詰められていることがあって」

同じ部署内だけでなく、他部署の社員がドア越しに覗いてくることもあった。

最初は、自分の服装に問題でもあるのかと疑ったが、それは違うようだ。

慌てて視線を逸らす社員たちの顔に、怯えの色が見えたからである。

「それで、同じ部署の奴を捕まえて理由を聞いたら、二重にブレて見えるって言うんですよ。まるで分身の術みたいに、〈もうひとり〉の僕が横に並んでいるって……」

どうやら、北村さんが分身することは、社内で噂になっていたらしい。

陰で〈七代目火影〉だの〈スタンド使い〉などと、如何にもゲーム会社の社員が考えそうな渾名をつけられていたようだが、嬉しくはない。

それに、北村さん自身は〈自分の分身〉を、見たことはなかった。

同僚に言われて、（それ、本当か？）と疑っただけである。

「詳しく聞いたら、僕の分身はずっと出ている訳でもないらしくて。どうやら、仕事が忙しい時期に限って現れていたみたいなんですよ」

特に、デバッグ作業に従事している期間は、分身の回数が多かったらしい。

徹夜続きで、精神が参っていたのが理由ではないかと、北村さんは言う。


それから、半年ほど過ぎたある日のこと。

デバッグで会社に泊まり込んだ北村さんは、夜中にコンビニへ買い出しに行った。

時刻はすでに零時を回っており、路側帯のない道路に人影はない。

イヤホンで音楽を聴きながら、ぶらぶらとコンビニに向かって歩いていたという。

そのとき、北村さんは背後からきた車に追突された。

背中に強い衝撃を感じ、受け身もできずアスファルトの地面に転がった。

視界が万華鏡のように回転し、意識が一瞬薄くなる。

そして――気がつくと北村さんは、何事もなく道路に立っていた。

身体のどこにも痛みがなく、アスファルトに皮膚を削られた感覚も消えている。

〈えっ……？　あれっ、俺⁉〉

驚いて辺りを見回すと、少し先の地面に人影が横たわっていた。

数歩近づくと、そいつの首は直角よりも深い角度に折れているように見えた。

――その人影は、自分だった。

服装や体格、顔の造作までもが寸分と違わぬ、もうひとりの自分。

そのことに気がついた瞬間、酷く思考が混乱した。

「あんた、怪我はっ⁉　立っちゃ駄目だよっ⁉」

視線を上げると、青ざめた表情の男性が叫びながら駆け寄ってくる。

どうやら、先ほど北村さんに追突した車の運転手らしい。

「あ、いや、大丈夫……大丈夫ですから！」

運転手を手振りで制しつつ、北村さんは再び地面に視線を戻した。

だが、すでに分身の姿はなく、事故の痕跡すら残されていなかったという。

「後で聞いたんだけど、あの運転手、てっきり僕のことを、車で引っ掛けたって思ったらしいんですよ。で、慌てて車を降りたら、僕が無傷で道路に立っていたって」

運転手は心配して「病院まで送る」と言ってくれたが、断ることにした。身体のどこにも怪我がなく、医者に診せる必要がなかったからだ。

ただ、その出来事を境に、ひとつだけ変化したことがある。

同僚たちから、「ブレて見える」と言われなくなったのだ。

「どうも、あの夜から分身が出てこなくなったみたいなんですよ。ただ、これって……喜んで良いことなのかどうか、僕にはわからなくて」

そこまで話すと、北村さんは急に表情を曇らせた。

理由を聞くと、最近身体がとても疲れ易く、生きる気力も湧かないのだという。

「もしかしたら、僕の分身……と言うか、僕の命の半分が、あの事故で死んでしまったんじゃないかって、そんな風に思えて」

不安そうに溜め息を吐くと、北村さんはそれっきり黙ってしまった。

全力坂

都内に住む、Tさんから聞いた話だ。

所用があり、昼間に港区にある青山霊園近くの坂道を下っていたときのことである。
車道を挟んだ向かいの歩道を、駆け上っている女性を見たそうだ。
春物のブラウスに、ロングスカートを履いた若い女性だった。
しかし、その坂を上った先には墓地しかない。
走らなければいけないほど、急ぎの用事があるとは思えなかった。
不審に思っていると、女性の後方にもうひとり、人影があることに気がついた。
Tシャツに半ズボン姿の、小さな男の子だった。
その子供は野球帽を目深に被り、にたにたと嗤いながら坂道を駆け上がっている。
(……あの娘、子供に追い掛けられているのか?)
偶に振り返り、怯えた表情を浮かべるところを見ると、どうやらそうらしい。
だが、同時に(妙だな?)と疑問が浮かんだ。

時刻は昼を過ぎたくらいで、向かいの歩道には疎らに通行人がいる。
なのに、誰もその子供を気に掛ける様子がないのだ。
と言うより、端《はな》から子供など見えていないようなのである。
（何か変だな。あの子、本当に生きている人間か……？）
考えてみれば、青山霊園は有名な心霊スポットである。
真っ昼間だとは言え、幽霊が出てきてもおかしくない場所だ。
追われている女性が心配になり、Tさんはその姿を目で追いかけた。
すると、坂の途中で〈すうっ〉と、子供と女性の両方が消えてしまった。
――えっ、そっちも⁉
ふたりが姿を消した上り坂を、Tさんは呆然と見詰めた。
なぜ女性の幽霊が、子供の幽霊に追い掛けられていたのか――
その理由は、さっぱりわからない。

フィフスアベニュー

旅行好きの大沢さんが、十数年前にアメリカ西海岸を旅行したときの話である。

ロサンゼルスに到着すると、彼はホテルへ直行した。

二日間、ハリウッドを見物するつもりで、三泊分の部屋を予約していたのである。

初日は旅の疲れを癒し、残りの日にゆっくり観光して回る計画だった。

「泊まったのは、ロス市内のフィフスアベニューっていう通りにある安ホテルでね。こっちはバックパッカー丸出しの貧乏旅行だから、なるべく低料金の宿を探したんだ」

翌朝、ハリウッドへ向かうために、一階のロビーへと下りた。

すると、エントランスでフロント係に呼び止められた。

「お客様、この辺りは治安が悪いので、夜はなるべく出歩かないで下さい」

愛想のよいフロント係から、物騒な忠告をされた。

「聞いたらさ、夜はギャングとかヤク中がうろつくから、危ないって言うんだよ。なんでも、アメリカの中でも犯罪発生率が一番高い地域だったみたいで」

日が落ちる前には、必ずホテルに戻るようにと、重ねて警告された。

その日、大沢さんはハリウッド観光を満喫した。

グローマンズ・チャイニーズシアターでハリウッドスターの手形に触り、ショッピングモールで土産物屋の散策を楽しんだ。

グリフィス展望台から、壮大なロサンゼルスの街並みを見物することもできた。

やがて、日が傾き始めると、彼は観光を切り上げてホテルへ戻ることにした。

が、その判断は遅すぎた。

フィフスアベニューでバス停に降りたとき、辺りは暗くなっていたのである。

「それが、朝とは雰囲気が全然違っていてさ。外灯も少ないし、ヤバそうな連中がそこらをウロウロしていて」

今朝、フロント係から言われた、「治安が悪い」という台詞が脳裏に蘇ってくる。

道端には、数人の人影が闇溜りのように地べたに座り込んでいた。

そこから強く睨まれる視線を感じるが、目を合わせる気にはなれない。

（バス停から離れたら、殺されるのでは）と、心に不安な気持ちが湧いてきた。

とはいえ、ずっとバス停にいる訳にもいかない。

どうしようかと考えあぐねていると、警告灯の明かりが近づいてくるのに気づいた。

見ると、一台のパトカーがゆっくりと道路を巡回していた。

（しめた）と思い、大沢さんは両手を振ってパトカーに駆け寄った。

「ＯＫ。後ろに乗りな。ホテルまで乗せて行ってやる」

道に迷ったと説明した大沢さんに、警官は好意的な反応をしてくれた。

感謝の言葉を口にして、パトカーの後部ドアを開けると——

後部座席に先客がいた。

険しい顔つきをした三人の黒人男性が、座っていたのである。

手錠こそしていないが、彼らが大沢さんと同じ理由で乗車しているとは考え難い。

だが、文句を言える立場でもない。

乗車を断って、危険な街路に放り出されるのは御免である。

大沢さんは身を縮ませ、窮屈な座席に乗り込んだ。

隣の黒人男性から〈じっ〉と凝視されたが、どうすることもできない。

「そんときは、完全にブルっちまってさ。パトカーの中でも、平気で殴り掛かってきそうな連中だったし……殺されるんじゃないかと思って」

敵意剥き出しの視線に晒されて、身の細る思いをした。

それでも大沢さんは一心不乱に前方を見詰めて、視線に耐え続けた。

すると、警官が「おい、着いたぞ。このホテルだろ?」と声を掛けてきた。
気がつかなかったが、すでにホテルに到着していたらしい。
「ありがとう。あなたの厚意に感謝します」
英語で捲し立てながら、急いで後部座席から降りた。
そして、もう一度お礼を言おうとして、パトカーを振り返った。
——後部座席には、誰も乗っていなかった。
(えっ? さっきの奴らは?)
警官に問おうとしたが、できなかった。
すぐにパトカーが発車してしまい、聞くタイミングを逃してしまったのだ。
「でも、後で考えたら、幾らアメ車がデカくても後部座席に四人は乗れないんだよ。
ただ、あのときはテンパっていたから、そのことに気がつかなかったんだな」
灰皿で煙草を揉み消して、大沢さんは自嘲気味に鼻を鳴らした。

虫の知らせ

「うちのお姉ちゃん……高校二年くらいから、頻繁に家出を繰り返していたんです。帰ってきても、用事を済ませると出て行っちゃって」

とある会合で知り合った内海さんに、彼女の姉に纏わる話を聞かせて貰った。

内海さんの姉は、以前から両親との折り合いが悪かったのだという。

家では喧嘩が絶えず、やがて友達の家を泊まり歩くようになった。

両親は外泊を止めるように説教したが、それが却って反発を生んだ。

結局、姉は勝手に高校を中退し、それ以降は滅多に家に寄りつかなくなった。

家族の中では唯一、内海さんだけが姉と連絡を取っていたそうだ。

聞くと、どうやら姉は彼氏のアパートで同棲をしているようだった。

「だからお姉ちゃん、もう実家には戻らないつもりだったみたいなんです。彼氏と新しい生活を始めて、充実した毎日を過ごしているって言ってたから」

だが、あるとき姉がひょっこりと実家に帰ってきた。

すぐに出ていく様子もなく、自分の部屋に滞在している。

両親との会話にぎこちなさはあるものの、諍いが起こる気配もない。

内海さんは素直に喜んだ反面、（彼氏と何かあったのかな？）と心配をした。

そこで彼女は、それとなく姉に訊ねてみたのだという。

「ううん、彼氏は関係ないのよ。ただちょっと、虫の知らせって言うか……家に帰ったほうが良いかなって、思うことがあったから」

そう言うと、姉はこんなことを話し始めた。


実家に戻った日の、前日のこと。

夕方、所用で外出した姉は、帰り道にコンビニへ立ち寄ったのだという。

小腹が空いたので、軽食でも買おうかと思いついたのである。

買い物を済ませると、歩きながら総菜パンの袋を開けた。

すると〈とことこ〉と、一匹の中型犬が近寄ってきた。

どこの犬か知らないが、体が小さいので警戒する必要もなさそうだ。

「何か欲しいの？」

総菜パンからハムを抜き出すと、姉は犬に与えようとした。

が、犬はハムに見向きもせず、じっと姉の顔を見詰めている。

——もう、家に帰ったほうがいいよ。

突然、犬が人間の言葉を喋った。

（えっ？　何、これ？）

犬はそれだけ話すと、後ろを向いて去ってしまった。

唖然とした姉は、その場に立ち尽くした。


「そんな訳で実家に戻ったんだって、お姉ちゃんは言っていました。その話が本当かわからないけど……きっとお姉ちゃん、予感めいたものを感じたんだと思うんです」

その話を内海さんに語った翌日、姉は交通事故で亡くなった。

近くを散歩しようと家を出た、その直後のことだった。

数日後、姉の葬儀が執り行われたが、姉と交際していた彼氏は参列しなかった。

「実は私、お姉ちゃんの彼氏のこと、名字くらいしか知らなかったんです。一度だけ顔を見たことがあったんですけど……お姉ちゃん、紹介してくれなかったから」

状況から見て、彼氏が姉の訃報を知らないのは明らかだった。

しかし、それでは姉があまりにも哀れである。

「でも、肝心な彼氏の住所がわからなくて……ただ、前に隣町の駅前で会ったから、近くにあるアパートを片端から調べてみようと思って」

だが、虱潰《しらみつぶ》しに表札を調べたところで、そう簡単に見つかるものでもない。

やはり、探索する手掛かりが少なすぎるのである。

長時間、駅の周辺を歩き回り、やがて彼女は草臥れて道端に座り込んでしまった。

(当てずっぽうで見つけるのは、無理かも)

内海さんが諦めかけた、そのときである。

一匹の黄色い蝶が、彼女の鼻先を掠めて〈ひらひら〉と飛んでいった。

紋黄蝶だろうか、羽の小さな蝶である。

――そのとき、内海さんは〈はっ〉と、あることを思い出した。

「お姉ちゃんはオーバーサイズの服が好みで、黄色の大きめなシャツをよく着ていたんだけど……シャツが蝶々みたいに〈ひらひら〉と、はためいていたのを思い出して」

ピンと来るものがあり、内海さんは急いで黄色い蝶の後を追った。

すると、――暫く追い掛けた先に、姉の彼氏がいた。

アパートの玄関を出ようとしたところで、出くわしたのである。

声を掛けると、彼氏は内海さんのことを覚えていた。

気がつくと、いつの間にか黄色の蝶々はいなくなっていたという。

「でも、あれは虫の知らせって言うよりも……虫が教えてくれたってことですよね。きっと、お姉ちゃんが蝶々を使って導いたんだって、そう思っているんです」

訃報を聞いた彼氏は、姉の四十九日の法要に参列した。

その場で彼は〈姉との将来を考えていた〉と告白し、墓前で泣き崩れたという。

姉が亡くなってから、すでに八年の歳月が流れている。

が、黄色い蝶を見掛けるたびに、内海さんは姉のことを思い出すのだという。

猫魂

「行きつけの店に、真っ白な猫が居てね。『まるこ』って名前の雌猫だったんだけど」

先日、知り合いの赤塚さんから、体験談を聞かせて貰った。
四、五年前の出来事なのだという。

「で、そのまるこが可愛くてさ。客に擦り寄って、餌をねだるんだよ。聞いたら、別に店で飼っている猫じゃないらしいけど……でも、確かに店の看板猫だったよ」

赤塚さんも、そんな店の看板猫に〈ハマった〉客のひとりだった。

足元にじゃれつかれると、つい酒のつまみをあげたくなるのである。

まるこは鶏肉が好物で、刺身や焼き魚は偶に欲しがる程度だった。

「本当によく食べる猫でね。焼き鳥なんか、一本丸ごと、ぺろっと平らげてたから」

塩分が強過ぎないかと気になったが、せがまれると餌をやってしまう。

店主から、特に注意されることもなかったという。

ある夏の夜のこと。

同僚と件の居酒屋を訪れた赤塚さんは、焼き鳥をつまみにして杯を傾けた。

まるこは、普段通りに店の隅に鎮座している。

だが、同僚がトイレに立つのと同時に、まるこが客席に近づいてきた。

「おう、来たか」

足元に擦り寄るまるこに、赤塚さんは口元を緩めた。

どうやら、まるこの狙いは笹身の焼き鳥らしい。

赤塚さんの脛《すね》に何度も鼻面を擦りつけては、執拗にねだるのだ。

「しょうがないな……ほら、食べな」

頭を撫で回した後、赤塚さんは串から笹身を外して与えた。

が、なぜかまるこはその場で食べず、笹身を咥えて店の外へ出ていった。

(あれっ？　あいつ、どこに行くんだ？)

開け放しの入り口から、外の様子を窺った。

「それまでに何回か、餌を咥えたまるこが出て行くのを見掛けたことがあってさ。何でわざわざ店の外に持ち出すのか、気になっていたんだ」

――ちょっと、追いかけてみようか。

酒に酔ったせいで、つい悪戯心が働いた。
ちょうど同僚が戻って来たので「電話してくる」と言い残して、外に出た。
見ると、まるこは白い尻尾を立て、繁華街の裏通りに入ろうとしている。
警戒されないよう距離を空け、まるこの後を追い掛けた。
裏通りを右へ左へと進み、やがてまるこは狭い路地へと入っていった。
追って、赤塚さんも路地裏に入ると、〈みゃあ〉という声がした。
が、まるこの鳴き声ではない。
甲高く弱々しい、子猫の鳴き声のようだ。
どこかの店の勝手口なのか、路地裏には外灯がなく、暗くじめじめとしている。
その暗闇の中、地面に蹲ったまるこがぼんやりと白く見えた。
口先を長く伸ばし、まるで餌を差し出しているかのような姿勢をしていた。
(まさか、子猫に餌をやっているのか?)
が、まるこは人の年齢に換算すると、百歳を超えた老猫のはずだ。
幾ら何でも、子猫を産めるとは思えない。
そのとき、——路地裏の闇溜りに、何かが見えた。
それは楕円形をした物体で、行き止まりの空間に茫洋と浮かんでいた。

まるで海月《くらげ》のように表面がグニャグニャと蠢いており、どうも得体が知れない。
（あれは何だ？）と踏み入ると、突然背後から走行音が聞こえた。
どうやら、後ろの通りをバイクが通り抜けたようだ。
そのヘッドライトが射し込んで、ほんの一瞬、路地裏が明るく照らされた。
――物体の表面に、無数の猫の頭が貼りついていた。
黒や白、三毛などの、数えきれない猫が球状に圧縮されていたのである。
「げっ！」と、無意識に喉から悲鳴が漏れた。
それと同時に、無数の猫の頭部が一斉にこちらを向いた。
みゃあ、みゃあ、みゃあぁぁぁあ！
狂ったような猫の鳴き声が、路地裏に木霊し――
混乱した赤塚さんは、その場から出鱈目に逃げ出した。
どこをどう走ったのだろうか、気がつくと居酒屋の前に立っていた。
「おう、赤塚！　お前、いつまで待たせるんだよっ！」
炙ったように顔を赤くした同僚が、酔っておだを上げている。
言われるままに席へ戻ると、ふと壁に貼られた紙が目に留まった。
〈お客様へお知らせ。長年、皆様に愛されてきたまるこが、○月○日に亡くなりまし

た。生前は皆様に大変に可愛がって頂き……〉

それは、看板猫のまるこが、数日前に死んだことを伝える貼り紙だった。

「でね、後で同僚に聞いたらさ、あの日は猫なんか見ていないって言うんだよ。だから……まぁ、そういうことなんだと、納得するしかなくってさ」

その後、行きつけの店は半年と経たずに潰れてしまった。

まるこが亡くなった頃から店の味が落ちてしまい、常連客が離れたようだ。

「でも、まるこの奴は一体、何に餌をやっていたのかって考えるとさ……ちょっと気味が悪くてね」

あの日以来、赤塚さんは商店街で飲み歩くのを控えている。

どこかの路地裏から、あの猫の塊が自分を見詰めているのではないかと想像すると、堪らなく嫌な気持ちになるのだと赤塚さんは言った。

女死の家

「私の実家って、女性が長生きできない家だったんですよ。理由は知りませんが、代々そう伝えられてきたみたいで」

取引先の営業である中田さんに「怖い話ない？」と、訊ねた際の返答である。

興味が湧き、彼女の実家について詳しく聞かせて貰った。

中田さんはとある地方の農村出身で、家は大きな古民家だった。

ただ、過去に何度か改築したので、建屋はさほど古びていなかったという。

家族は、両親と兄がふたり。

かつては祖父も同居していたが、中田さんが幼い頃に他界している。

ふたりの兄は先妻の子で、彼女の母は後妻だった。

先妻は、次男を生んだ直後に亡くなったと聞いている。

母は結婚後、彼女を身籠ったというが、そのときは大変だったらしい。

「両親に聞いたのですが、出産前に医者から『子供が生まれても、二週間は名前をつけないで』と言われていたそうです。どうも、私は相当な未熟児だったみたいで」

最近は未熟児という言葉は使わず、低出生体重児と呼ぶようだ。

彼女の場合は、体重が千グラムに満たない〈超低出生体重児〉であった。

加えて、呼吸器系の機能も弱かったため、担当医は両親に「生まれた子が長く生きられるか、判断できない」と伝えたのである。

事実、彼女は生まれてから半年間、新生児集中治療室で育てられている。

「退院のとき、医者が奇跡だと言って喜んだそうです。で、私が初めて実家に移ったその日に、父が『うちに住む女は長生きしない』って、母に打ち明けたみたいで」

嫁いできた女性の殆どが、三十代半ばで亡くなっていると父は説明した。

そのため、この家を継いだ男性は、例外なく後妻《めと》を娶っているというのである。

数代前には三度、四度と、再婚を繰り返した家主もいたらしい。

また、死産となる女児も多く、生まれても成人まで育った例がないのだという。

「それを聞いた母が『離婚する!』って父と揉めたみたいなんですよ。子供が生まれるまで黙っていたことが、許せなかったみたいで」

こんな家にはいられないと、母は娘を連れて出ていこうとした。

が、当時まだ存命だった祖父が、こんなことを言って母を引き留めた。

「生まれた子供とアンタは、〈離れ〉で暮らせばいい」

敷地の外れに、母子が住むための〈離れ〉を新築しようと言うのである。

「実家の母屋にさえ住まなければ、早死にしないってことらしくて。確かに、中田家の親戚で早死にした女性はいないし……それで、母も考え直したみたいで」

結局、母はその提案を受け入れ、娘と一緒に〈離れ〉で暮らすことにした。

もちろん、籍も外さず中田姓のままで、である。

そんな事情にも拘わらず、母は寝るとき以外、殆どの時間を母屋で過ごしたという。

炊事や洗濯などの家事全般を、担い続けたのである。

それが主婦の務めだと、どうやら母は覚悟を決めていたようだ。

「でも、私には『なるべく、母屋には行かないで』って、いつも言っていましたね。だから私、母屋での思い出って、食事とお風呂くらいしかないんですよ」

中田さんは十八の歳まで、実家の〈離れ〉で暮らし続けた。

その後、彼女は東京に就職先を見つけ、家を離れたのである。

ふたりの兄はすでに他県へ移っていて、それぞれが別の生活を始めていた。

そのため、実家に残った両親も「私たちだけじゃ、広すぎる」と近くのアパートに引っ越をして、実家は他人に貸してしまった。

「結果的に、母と私は生き残ったってことになりますね。なので、祖父の言ったことは正しかったんだと思います。ただ、母屋の影響がまったく無かった訳でもなくて」

実家を離れた直後、中田さんの体調に大きな変化があった。

子供の頃から患い続けてきた喘息が、あっさりと治ってしまったのである。

体調の回復は、母にも起こっていた。

結婚後、慢性的に続いていた片頭痛が、嘘のように治まったのだという。

「だから、あの家って……やっぱり、普通じゃなかったんだなって思うんです」

貸していた実家は、暫くして借主に売却することになった。

借主の奥さんが亡くなったと知り、「安く売ります」と父が持ち掛けたらしい。

二束三文に近い金額だったというから、父はあの家との関わりを完全に絶ち切ろうとしたのかもしれない。

その翌年、建屋は取り壊され、現在は妻を亡くした借主が新築の家に住んでいる。

手遅れ

「うちの井戸を掘り直したいので……業者を紹介して貰えませんか？」

いまから四年ほど前、沖縄在住の宮城さんはそんな相談をされた。

相手は釜田さんという女性で、当時、連れ合いを亡くされたばかりの未亡人だった。

歳は宮城さんと殆ど変わらないが、心労のせいか酷く老けて見えた。

釜田家の事情については、少し前に噂話を聞いていた。

「だから、そのうち相談に来るとは思っていたの。うちの人は、沖縄の土木業者に顔が利くし……旦那さんが井戸を埋めてから、釜田さんの家は不幸続きだったから」


最初は、高校生の次男だった。

スクーターを運転中に大きな事故を起こし、即死したのである。

井戸を埋めてから、ちょうど一週間後のことだった。

それから二週間が経たないうちに、長女が意識不明で病院に搬送された。

通勤途中に突然倒れ、未だに意識が戻っていないのだという。

そして、彼女の夫である。

彼は自宅で心臓発作を起こし、あっさりと死んでしまった。

井戸を埋めてから一ヵ月も経たないうちに、立て続けに不幸が起こったのである。

「沖縄ってね、龍脈っていう思想があるのよ。神様の通り道みたいなものかしらね。それで……釜田さんのご自宅って、その龍脈の上に立っていたんだけど」

釜田さんの夫が、なぜ井戸を埋めようとしたのかはわからない。

ただ、周囲の友人たちが、こぞって止めさせようとしたのは確かなことだった。

釜田家の井戸は〈龍穴〉だから、埋めては駄目だと忠告したのである。

だが、却って釜田さんの夫は意固地になり、井戸埋めを強行したのだという。

「結局、その家には奥さんしかいなくなっちゃって。だから、奥さんも必死だったと思うのよ。業者に井戸を掘り直させて……神様に謝るんだって」

気の毒に思った宮城さんは、家族でのつき合いがある業者に電話を掛けて、井戸を掘り直す工事を依頼したのだという。

それを見た釜田さんは安堵し、『これで助かりました』と感謝して帰っていった。

――が、手遅れだった。

その日の晩、釜田さんは急逝してしまったのである。

「報道はされなかったから、事件じゃないと思うけど……死因は知らないわ。ただ、井戸を掘り直す工事は発注していたし、あの奥さんが自殺するとは思えないのね」

現在、釜田さんの家は無人となり、半ば廃墟化している。

依頼人が亡くなったので工事も行われず、件の井戸は埋まったままなのだという。

とあるマンションの入居事情

「物件を特定されないように書いてくれ」との条件つきで、取材をさせて頂いた。

数年前、増田さんが住んでいたマンションの話である。

聞くと、そのマンションには幾つか〈厄介な〉事情があったらしい。

「怖いから、あまり言いたくないんだけど……そこ、最上階にヤクザの組事務所が入っていてさ、建屋のエレベーターが使えなかったんだよ」

なんでも、組の若い衆が朝晩、各階のエレベーター前に立つのだという。

聞いた話では、その時間帯に組長や幹部たちが事務所を行き来するので、ヒットマンを想定した警護を組員にやらせているらしい。

もちろん、一般住民は怖がってエレベーターに近づこうとしない。

そのため増田さんは、渡り廊下で向かいの別棟に移動し、そこのエレベーターに乗り降りしていたそうだ。

彼が住んでいた部屋は六階で、さすがに階段を使う気にはなれなかった。

「でも、組員に近づきさえしなきゃ、何もないんだけどさ。ただそこって、もうひとつ嫌な事情があってね……理由は知らんけど、なぜか自殺の名所みたいになっていて」

彼が説明したのは、ふたつの棟に挟まれた中庭のことである。

四方をコンクリートに囲まれた小さな土地だが、庭木のある庭園となっている。

静かで質素な庭園だが、住民は滅多に立ち入らないらしい。

年に数回、屋上から飛び降りがあることを、皆が知っているからである。

ただ、マンションの住人が飛び降りたという話を、増田さんは聞いたことがない。

無関係な人たちが勝手に入ってきて、自殺をするのだという。

「そんな曰くつきのマンションだったけどさ。普通に暮らす分には、困ったことはなかったね。ただ、偶に部屋の外で嫌なものを見掛けることはあったけど」


ある日のこと。

夜中、増田さんはふらつきながら、自宅に向かっていたという。

久方ぶりに飲み会があり、少々飲み過ぎたのである。

いつものように別棟のエレベーターで六階に上がり、渡り廊下を通って自室のある本棟へと向かった。

そこのマンションは内廊下の左右両方に部屋があり、片方がマンションの外側、もう片方が中庭側を向いている。

千鳥足で自室のある本棟に入ると、内廊下に男性の後ろ姿が見えた。

厚ぼったいジャンパーを着た男性で、首周りのフードには白いファーがついている。

その男性は廊下の途中でドアを開けると、部屋に入っていった。

男性が入ったのはマンションの中庭側の一室だが、中庭側の部屋はすべて空き部屋になっているはずだった。

理由は知らないが、マンションの経営者が貸し出しを止めていたのだ。

——あれっ？　そういや、いま真夏だぞ。何でアイツ、ジャンパーなんか？

はっとして目を戻したが、すでにドアは閉じている。

代わりに、廊下の奥に立っている組員の姿が目に留まった。

その組員は口をぽかんと開け、男性が入っていった部屋のドアを見詰めていた。

そして、なぜか翌日からその組員は姿を見せなくなり、別の若い衆がエレベーターの前に立つようになった。

また、こんなこともあった。

夜、増田さんが内廊下を歩いていると、中庭側の部屋から話し声が聞こえる。

それは、まるで茶の間で家族が団欒しているような、和んだ声だった。

翌日、「誰か入居したのですか？」と管理人に訊ねると、中庭側の部屋はいまでも貸していないと言われた。

「入居してもさ、皆、ひと月もしないで引っ越しちまうから」

忌々《いまいま》しそうに、管理人は言葉を吐き捨てた。


別の年の、ある夜。

帰宅の途中、渡り廊下を歩いていると〈カラカラ〉と軽い音が聞こえた。

どうやら、同じ階にある中庭側の部屋の、サッシ窓が開いたようだ。

が、その部屋に入居者がいないことは知っている。

訝しく思っていると、真っ暗な部屋の奥から男性が現れた。

その男は窓枠に足を掛けると、やおら身を乗り出し——

躊躇もせず、窓から落ちていった。

「えっ！　飛び降りっ⁉」

驚いて、渡り廊下の柵から中庭を覗き込もうとした——そのとき。

〈カラカラ、カラカラ〉と、さっき聞いた音が折り重なるように響いた。
慌てて視線を戻すと、六階にあるすべての部屋の窓が開いていた。
そこから、まるで水が滝壺へと流れていくように、次々と人が落下していった。
〈あっ、これ……見ちゃダメなやつだ〉
その晩、彼は自宅に帰るのをやめ、近くのビジネスホテルに泊まることにした。

そして、増田さんがそのマンションで暮らした、最後の年のこと。
帰宅途中、渡り廊下から下の階を覗くと、中庭がぼんやりと輝いていた。
目を凝らすと、大勢の人々がコンクリートの壁沿いに並んでいる。
——その人たちは、仄かに体が発光していた。
彼らはぐるりと中庭を取り囲み、無言で首を垂れている。
増田さんには、その光景が何となく宗教的な儀式のように思えたそうだ。
〈……何だろう、あれ?〉
訳がわからず、中庭を見下ろしていると——
『あんた、あれが見えるんだ?』と、声を掛けられた。
いつの間に近づいたのか、面識のない男が隣に立っていた。

スーツを着た風采の良い中年男性だったが、増田さんは俄かに緊張した。

（ヤクザだ）と、瞬時に悟ったからである。

男性は口調こそ柔らかいが、その視線は剥き身の刃物のように冷たかった。

『あれはな、成れの果てだよ。全部が終わった連中の、成れの果て。俺も……最後はああなんのかって思うと、気が滅入るな』

火の消えた煙草を唇から外し、男は自嘲気味に言った。

増田さんは何と答えて良いのかわからず、無言で頷くしかなかったという。


その一ヵ月後、増田さんはマンションの部屋を引き払った。

引っ越すのは面倒だったが、そうせざるを得ない事情があったのである。

「あの晩からエレベーターの前にいる若い組員が、ちょっとしたことで俺に絡んでくるようになってさ。理由は知らないけど……そろそろ潮時かなって」

現在、増田さんはまったく別の場所で生活をしている。

マンション暮らしの頃と違い、暴力団の噂すら聞いたことのない土地だという。


が、増田さんは最近、刺激のない平和な暮らしに少し飽きている。

百枚の札

「おかしいと思い始めたのは、大学に入学して、ひと月も経たない頃でした」

門田さんは神奈川県で貿易関係の仕事に就く、三十代のサラリーマンである。

聞くと、彼は心霊やオカルトといった類が苦手で、霊感もないらしい。

「だから、この体験を他人に話すのは初めてなんですよ」

そう前置きすると、門田さんは静かに語り始めた。


「大学に入ってひとり暮らしを始めた最初は、自炊ができなくて。大抵は近所のファミレスとか、定食屋で済ませていましたね。で、その頃のことなんですけど」

ある日、ひとりでファミレスに入店すると、なぜか四人用の席に案内された。

門田さんが指定した訳ではなく、店員が四人席を選んだのである。

案内された席に座っていると、今度はテーブルにお冷やが四つ並んだ。

その段になり「あの、僕、ひとりなんですが」と言うと、青ざめた顔の店員が「失礼しました。すぐ下げますので」と謝ったのである。

また、こんなこともあった。

定食屋で相席をしていると、なぜか隣の客がソワソワし始める。

そして、他に空き席ができると、そそくさとそちらに移動してしまうのだ。

また、途中で食事を止めて、退店してしまう客までいた。

「自分でも、変だとは思っていたんです。そしたら、大学の同級生から『門田君、とり憑かれているよ』って教えられて……しかも、『三人もいる』って」

聞くと、忠告してくれた同級生たちは皆、強い霊感の持ち主だった。

彼らが言うには、門田さんの後ろに複数の霊体がいるらしい。

もちろん、門田さんには何も見えないが、幾つか思い当たる節はあった。

〈参ったな。本当にとり憑かれているんだったら、何とかしないと……〉

だが、同級生に相談しても、解決策を聞き出すことはできなかった。

〈視る〉のと〈祓う〉のは別だと、皆が口を揃えるのである。

「そんな状況で困っていたときに、別の同級生から『知り合いに、ユタがいるけど？』って言われたんです。そいつ、沖縄出身の奴で」

聞くと、その同級生の母親が、以前からユタの女性と親しいのだという。

「ぜひ、その人を紹介して欲しい」と、門田さんは頼み込んだ。

「で、夏休みに沖縄へ行って、その女性を訪ねてみたんですけど……印象は『普通のおばさん』って感じでしたね。家も普通のアパートで、宗教感もなくて」

ユタのおばさんは、門田さんを温かく迎えてくれた。

手土産の菓子折りも、殊《こと》の外《ほか》喜んで貰えたという。

挨拶を済ませ、供されたお茶で一服していると——

「先に聞いていたけど、あんた、やっぱり三人憑いているね」と言われた。

それも、相当タチの悪い憑き物だと、ユタのおばさんは顔を顰めた。

「あんた、前に古い神社か……古墳みたいな場所に行ったことない？」

そう聞かれても、門田さんは神社仏閣や、遺跡の類に興味を持っていない。

辛うじて、高校卒業前の修学旅行で京都と奈良を訪れたくらいのものである。

が、——言われてみれば、ひとつだけ思い当たることがあった。

その修学旅行で、生徒は六人一組のグループを作って市内を散策した。

教師の引率ではなく、生徒の自主性に任せた見学旅行を行ったのである。

しかし、その旅行中にトラブルが起こった。

門田さんのグループに、具合を悪くした生徒がいたのである。

それも、京都観光の初日と二日目にひとりずつ、生徒が倒れたのだという。

三日目には奈良へ移動したが、そこでも女子生徒が体調不良で病院に運ばれた。

「で、結局六人いたグループが、三人に減っちゃったんですよ」

つまり、グループ内に三人分の空きが生じたことになる。

見方を変えれば、その生徒らは〈誰かに押し退けられた〉と捉えることもできる。

「多分、その修学旅行が原因ね。でも、憑かれた期間が浅いから、まだ祓えると思う」

そう言うと、ユタのおばさんは隣の部屋から小さな紙袋を持ってきた。

「これを、使いなさい」

袋を開けると、中には紙帯で纏められた大量のお札が入っていた。

経文のような墨字が書かれたお札で、相当な枚数があるようだ。

「それ、お札が百枚入っているから。家に帰ったら、そのお札を必ず毎朝一枚ずつ、水に浸けなさい。ただし、一度始めたら、絶対に休んじゃ駄目よ」

ユタのおばさんは何度も念押しをして、門田さんを見送ったのだという。

「それで早速、言われた通りのことをやってみたんです。水を溜めた洗面器に、毎朝一枚ずつ、お札を沈めて。でも、すぐに何かが起こるって訳でもなかったですね」

浸けたお札を観察したところで、表面の墨字が水に滲むだけである。

ただ、お札の隅が少しだけ変色したようにも見えた。

「正直、こんなおまじないに何の効果あるのか、半信半疑でしたけど……でも、他に除霊する方法も知らないし、とにかく続けてみようって」

大した金額ではないが、ユタのおばさんには礼金も置いてきている。

なので、効果が無いと即断してしまっては、勿体ない。

次の日も、そのまた次の日も、門田さんはお札を洗面器に浸し続けた。

一度浸けたお札はごみ箱に捨て、翌日には新しいお札を使った。

やがて十日も過ぎると、彼はある変化に気づいた。

水に浸けたお札の下端部が、数センチほど桜色に変色するのである。

「それ、まるで理科で習ったリトマス試験紙みたいに、水に浸けると赤くなるんです。それも日を増すごとに、変色する面積が広くなるみたいで」

この現象に、どのような意味があるのかはわからない。

が、毎朝の単調な儀式に変化が見られたのは、単純に嬉しかった。

儀式を始めて一ヵ月が経った頃、お札の三分の一が桜色に染まるようになった。

（これって、もしかして……？）

門田さんはその日、試しにファミレスへ行ってみることにした。

以前ひとりで入店し、四人連れと間違われた、あのファミレスである。

「いらっしゃいませ。お客様は三名様で宜しいでしょうか？」

入り口で出迎えたウェイトレスが、丁寧な言葉づかいで訊ねてきた。

──やった、一人減ったぞ。

ウェイトレスに（ひとりであること）を伝えながらも、彼は内心嬉しく思った。

「で、次の六十日目には『おふたり様ですね』って言われました。思っていた通り、三十日にひとりの割合で憑き物が減っていくみたいで」

順調にお祓いが進んでいるのだと、門田さんは確信した。

そして、儀式を始めてから九十日目。

その日の朝、お札の表面すべてが桜色に染まり──

ファミレスを訪れた門田さんは、「おひとり様ですね」と言われた。

「あのときは本当に嬉しかったですね。ついに憑き物が全部祓えたんだって、有頂天になりました。で、……それが不味かったんですね」

次の日、門田さんはお札を洗面器に浸けなかった。

お札は十日分残っていたが、憑き物をすべて祓って〈お終い〉だと思ったのである。が、それから数日後。

再びファミレスを訪れた彼は、ウェイトレスの言葉に愕然とした。

「お客様は……四名様ですね」

あの儀式を始める前の、最初の状態に戻っていたのである。

「それで怖くなって、ユタのおばさんに電話したんですよ。そしたら『あんた、本当に馬鹿だね』って怒られました。あの儀式は百日間続けないと意味がないって」

電話口で散々叱られた後、ユタのおばさんは「いまなら、まだ間に合うかも」と言い、もう一度お札を送ってくれると約束した。

「今度こそ、百日間休まず続けなさい。でないと……あんた、もう後がないから」

そう言われ、門田さんは二度目の儀式を繰り返すことになった。

おばさんに脅されたこともあり、危機感に駆られて儀式に臨んだのである。

そして月日が流れ、初めて〈九十一日目〉の朝を迎えることになった。

いつものように洗面器をテーブルに置き、お札を水に沈める。

と、——紙の表面が真っ赤になった。

血液にでも浸けたかのように、お札の表面が赤黒く変色したのである。

「続きがあったんだって、改めて思い知りましたね。でも……その後は逆で、次の日から変色が薄くなっていったんですよ。段々と、赤から無色に近づいてきて」

そして、百日目の朝——

水に浸けたお札が、真っ白になった。

変色しないどころか、墨で書かれた経文まで消えてしまったのである。

洗面器に張った水は透明で、墨汁が溶けた様子もない。

（ああ……これで終わった。憑き物が全部、いなくなったんだ）

白いお札を見詰めつつ、門田さんはほっと胸を撫で下ろした。

面倒な儀式もやっと終わり、目に見えない憑き物を怖がる必要もなくなった。

（この後はユタのおばさんに電話して、それで終わりだ）

晴れ晴れとした気持ちで、門田さんは洗面器の水面に手を伸ばした。

電話を掛ける前に、水に浸したお札を掬い上げようと思ったのである。

すると、伸ばした指先を〈ぎゅっ〉と掴まれた。

——へえっ？

目を向けると、右隣に男性が立っていた。

愉《たの》しそうに両眼をへの字の形に曲げた、まったく見知らぬ男性だった。

そいつはまるで子供の戯れのように、門田さんの人差し指を握り締めている。
そして、その男性の後ろに、ふたりいた。
顔面を切り裂かれ、皮膚の剥がれた女と、真っ黒に焼け爛《ただ》れた何か。
意識もせず、門田さんの喉から〈はぁぁ〉と息が漏れた。
突然のことに頭の奥がじんと痺れて、何も考えることができない。
すると、指を掴んでいる男が顔を近づけてきた。
『ぢぎ……ぢぎしょう。もう、ぢょっと……で』と、恨みの籠った言葉を吐いた。
見ると、男の目尻からは白い蛆《うじ》が噴き零れていた。
そのとき、門田さんの視界がぐらりと歪んで――
気がつくと、彼は裸足のままアパートの外に立っていたのだという。
どうやって部屋を出たのか、まったく覚えていない。
掴まれていた人差し指を見ると、爪が縦に割れて血が流れていた。
が、不思議なことに痛みは感じなかった。
恐る恐る自室に戻ってみると、室内はもぬけの殻になっている。
慌ててユタのおばさんに電話を掛け、先ほどの出来事を説明した。
「指の爪ひとつで助かったんだから……あんたはまだ、運が良いよ」

気の毒そうな口ぶりで、ユタのおばさんが慰めてくれた。

「大抵、爪って剥がれても治るんですけど、なぜか僕のは駄目でしたね。暫く通院したんですけど……ほら、結局こうでした」

そう言って、掌を返した門田さんの人差し指には、爪がなかった。

爪が再生しないうちに、剥き出した皮膚が固まってしまったらしい。

「でも、ユタのおばさんには、本当に感謝しているんです」

門田さんは現在も、ユタのおばさんと連絡を取り合っている。

いまでも途中で止めた儀式のことで叱られるというが、そんなとき彼は「次あるときは、真面目にやりますから」と平謝りするそうだ。

哄笑

「僕がまだ大学生だった頃の話なんですけど、当時、個人経営の牛丼屋でアルバイトをやっていましてね。ほぼ毎日、シフトに入っていました」

先日、行きつけの居酒屋で知り合った、間島さんから話を聞かせて貰った。

いまから、二十年ほど前の出来事なのだという。


「働いていた牛丼屋って、都内のオフィス街の近くにあったんですよ。だから、平日は結構な数のサラリーマンが食べに来てくれて」

昼食の時間帯には、空席待ちの客で行列ができるほどだったという。

大半の客が、一杯の牛丼を五分も掛けずに食べ終えてしまうのである。

そのため、店側も昼どきにはなるべく早く注文をこなすよう、心掛けていたという。

「まぁ、昼休みの時間だけでしたけど、回転率は良かったですね」

そこの店には、間島さんの他にもうひとり従業員がいた。

坂上という名の、雇われ店長の男だった。

間島さんは、店長の坂上さんとふたりで店を切り盛りしていたのである。
ある平日の、昼どきが過ぎた頃のこと。
そろそろ休憩しようかと考えていると、客が店に入ってきた。
「牛丼、並をひとつ」
口早に注文すると、その客はテーブルに肘を乗せて腕時計に目を遣った。
痩身で、神経質そうな雰囲気の男性だったという。
「その人、昼の時間帯を外してきた割には、えらく急いでいるみたいでしたね」
早速、間島さんは厨房にオーダーを伝えに行った。
が、坂上さんは厨房の奥を向いたままで、返事をしない。
背中に隠れて見えないが、どうやら手元に目を落としているようである。
(あっ、こいつ……また、競馬新聞を読んでいるな)
以前から、坂上さんが仕事中に競馬をやっているのを、間島さんは知っていた。
店に客がいなくなると、競馬新聞を片手に小型ラジオを聴くのである。
一度、その姿をオーナーに見咎められて、こっ酷く叱られたこともあった。
「でも駄目なんですよ、あの手の奴って。忙しいときは張り切って働くのに、少しでも時間が空くと、ギャンブルの虫が疼くみたいで」

間島さんは声を張り上げ、「伝票、置きますよっ！」と注意を促してやった。

が、坂上さんは「ああ」と言ったきり、振り向こうともしない。

気にはなったが、それ以上の追及はしなかった。

ホールの清掃が途中だったので、早く終わらせたいと思ったのである。

が、――それが不味かった。

「牛丼、まだですかっ⁉」

さっきの客から声を掛けられて、ハッとした。

時計を見ると、注文を受けてからすでに十分ほどが過ぎていた。

が、厨房のカウンターには、まだ丼ぶりが載っていない。

「すみませんっ、いま確認しますので……」

慌てて厨房に行くと、坂上さんはさっきと変わらぬ姿勢でイヤホンを聴いていた。

「何やってんすかっ⁉　お客さん、待ってますよっ！」

間島さんが怒鳴ると、坂上さんは一瞬怯んだ顔を見せた。

が、すぐに薄笑いを浮かべ、不敵な表情でこんなことを言った。

「客なんか待たせときゃいいんだよ！　メシを出す時間はこっちが決めてんだからっ！」

「でも、お客さん、急いでるみた……」

「うっせーな、まだ作ってる最中だって言っててんだろっ！」

そう言うと、坂上さんは乱暴にコンロの火を入れた。

これから、具を温め直すつもりらしい。

仕方なく間島さんはホールに戻って、「申し訳ございません。いま、具を温めておりまして……」と、平身低頭に謝ったのだという。

だが、それでも牛丼が出来上がらずに、更に十分近く経って——

「もう、いい。約束に間に合わないからっ」

客はそう言うと、千円札をテーブルに置いて席を立ち上がった。

「いや、あの、お代はっ……お客さんっ？　ちょっと……」

引き留める間もなく客が出て行ってしまい、間島さんはその後を追おうとした。

が、——次の瞬間。

〈ドンッ！〉と店の外から鈍い音が響いて、思わず身が竦んだ。

急いで外に出ると、店の前の道路にトラックが止まっていた。

そのトラックの後方には、赤黒い血溜まりと、バラバラの肉片が落ちている。

それは——先ほどのお客さんの、変わり果てた姿だった。

「詳しくは聞いてませんが……あのお客さん、即死だったみたいです。でも、坂上は『レジで金払ってないから、あいつは客じゃない』なんて言っていましたね」

その後、警察官が事情を聴きに来たが、坂上さんは同じ内容の証言をした。

客が起こした事故は、店と無関係だと主張したのである。

実際、あの客は退店後に亡くなっているので、店側が責任を問われる理由もない。

しかし、警官から「被害者は対抗車線のタクシーを拾おうとして、道路に飛び出したようだ」と聞かされると、間島さんの胸に苦いものが伝った。


それから、ひと月ほど過ぎた頃。

「おい、間島。こっち来て、牛丼を作っといてくれ」

ホールの掃除をしていた間島さんに、坂上さんが声を掛けてきた。

既に混雑する時間帯は過ぎており、客が来る気配はない。

(賄いなら、自分でやればいいのに)

内心毒づきながら厨房に入ると、坂上さんがエプロンを外して立っていた。

「間島、俺ちょっと着替えてくるからさ、大急ぎで牛丼を作ってくれ」

「えっ？　着替えるって……どこか、行くんすか？」

「今日、絶対来る馬がいんだよ。場外馬券行ってくるから、ひとりで出来るよな？」

坂上さんの言い分が滅茶苦茶で、間島さんは呆れ返るしかない。

第一、最も近い場外馬券売り場でも、店からはかなり離れている。

いくら急いでも、休憩時間中に戻れる距離ではないのだ。

「いま考えると、坂上は精神的にヤバくなっていた気がするんですよ。客が事故を起こしてから、益々競馬にのめり込むようになって……やっぱ、アイツなりに罪悪感があったんじゃないかと思うんです」

納得はできないが、仕方なく間島さんは牛丼の具を温め直すことにした。

ついでに、自分の賄いも作ってしまおうと考えたのである。

が、――コンロのコックを捻っても、なぜか火が点かなかった。

寸胴の下を覗いてみたが、ガスが吹く音もしない。

何度もライターを火皿に突っ込んでみたが、無駄だった。

「なんだよっ、まだ出来てねーのかっ!!　ほんっと、使えねーなぁっ!!」

更衣室から出てきた坂上さんが、怒鳴り声を上げた。

競馬新聞を片手に、準備万端ないでたちである。

「いや、あの、コンロが……」

言い訳のつもりでライターを突っ込むと、火皿が〈ぼっ！〉と火を噴いた。

いままでの不調が嘘だったかのように、コンロが着火したのである。

「あれっ、直ったみたいっすね……すぐ、作りますからっ！」

急いで丼ぶりに飯を盛り、温めた具をよそった。

が、坂上さんは大きく舌打ちをし、「もういい、そんなの食ってたら間に合わねえっ！」と、厨房から出ていってしまった。

そのまま客のいないホールを素通りし、店の入り口へと向かっていく。

間島さんは、黙って見送るしかなかった。

が、そのとき——強烈な既視感に襲われた。

店を出ていく坂上さんの姿が、ひと月前に事故死したあの客と重なったのである。

「あ、あのっ、店長、気をつけ……」

声を掛けるよりも早く、坂上さんは店から出ていった。

慌てて窓の外を目で追うと、車道を横断している坂上さんが見えた。

(だめだっ、危ないっ！)

見開いた間島さんの瞳に、道路の真ん中で立ち竦んだ坂上さんが映った。

次の瞬間、猛スピードで突っ込んできたトラックが、あっと言う間に坂上さんの姿を飲み込んでしまった。


——その直後に見た光景を、間島さんは忘れることができない。

向かいの歩道に、赤く血に染まった男が立っていた。

その男は可笑しくて堪らないような様子で、地面を指さしながら哄笑している。

が、不思議なことに、嗤い声はまったく聞こえてこなかった。

男が指さした道路は、赤黒い血溜まりになっている。

その血溜まりの中心に、車輪に轢かれた坂上さんが平らに潰されていた。

やがて、野次馬が集まってくると、血塗《ちまみ》れの男は姿を消した。

「あの向かいの歩道で嗤っていた奴……事故で死んだお客さんに、似ていた気がするんですよ。まぁ、顔も血だらけだったんで、確信はないんですけど」

暫くして間島さんは牛丼屋を辞め、別のアルバイト先で働くことにした。

その後、あの牛丼屋がどうなったのかは知らない。

不法投棄

神田さんは一時期、山を所有していたことがある。

最近のキャンプブームに便乗して、山林を購入する芸能人が話題になっているが、それよりもずっと以前の話なのだという。

「母方の祖父が、四国にある山の権利を持っていたんだよ。でも、どうやっても人が住める場所じゃないから、持っていても仕方のない土地だったんだけど」

その土地を貰ってくれないかと叔父から頼まれたのは、祖父が亡くなり、二ヵ月ほどが経ってからのことだった。

高齢で管理できないので、受け継いだ土地の権利を譲渡したいのだという。

『ただ……山に不審な車が出入りしとるって、近くの村から苦情があってな。妙な業者が産廃を不法投棄しとるかもしれんから、お前、一度見に行ってくれんか？』

権利書を手渡された後で、そんなことを頼まれた。

神田さんは若い頃、陸上自衛隊に所属していたことがある。

そのため、山林での野営には慣れていた。

そんな甥っ子なら、僻地でも嫌がらずに出向くだろうと、叔父は考えたらしい。

「実際、ひとりでキャンプするのも嫌いじゃないから」

叔父の頼みを聞き入れて、神田さんは五月の連休に現地へ赴くことを決めた。


その日、神田さんは苦労の末、麓の山林に登山口を見つけ出した。

地図にある山道が雑草に覆われて、道の体を成していなかったのである。

「よほど人が通らなかったんだろうけど、びっしりと草木が茂っていてね。これじゃ、不審な車なんか山にも入れないだろうって思ったけど」

それでも神田さんは、繁茂《はんも》した雑草を切り分けて山道を上った。

途中、道の左右に目を配ったが、産業廃棄物が捨てられている様子はない。

ただ、地面に轍が見えるので、過去に車が出入りしていたのは確かなようだ。

歩き続けていると、やがて視界が開けて、陽の光が溢れる場所に到着した。

そこは澄んだ川の流れと、広い河原のある渓谷だった。

「溜息が漏れるくらい綺麗な場所でね。叔父貴、こんなすげえ土地を俺にくれたんだって感動したよ」

早速、川岸から離れた平地に寝床を決めて、野営の準備を始めた。

テントを組んで薪を焚き、夕飯の調理を行った。

その間、少し河原の周辺を探ってみたが、廃棄物を見ることはなかった。

(こりゃあ、不法投棄されているって話は、怪しいな)

調理したひとり分の料理を食べながら、神田さんはぼんやりと考えた。

と、――どこからか、人の話し声が聞こえてきた。

ひそひそと囁き合うような、か細い声だった。

陽はすでに沈み掛けて、山間に射し込んだ西日が渓谷を赤く染めている。

「不法投棄の業者かと疑ったけど、あの雑草だらけの山道を車が走れるはずもないし……山を登ってきたキャンパーが、酒盛りでもしているのかと思ってさ」

キャンプ目的の入山者ならば、文句を言うつもりは毛頭ない。

ただ、確認だけでもしておこうかと思い、声が聞こえた方向に足を運んでみた。

が、幾ら探しても人の姿は見つからなかった。

いつの間にか話し声も止み、川のせせらぎしか聞こえなくなっている。

気のせいかと考え直し、踵を返すと――

足元に、きらりと光るものを見つけた。

拾い上げると、それは金色のネックレスだった。

ここを訪れたキャンパーの落とし物だろうか、高価なものに見える。

少し思案し、神田さんはそのネックレスを持ち帰ることにした。

「俺さ、昔から落ちているものを拾う癖があってね。それに、この土地の所有者になったんだから、別に構わないと思って」

ネックレスを焚火の傍に置き、キャンプチェアに腰を下ろした。

渓谷の陽は落ち切って、青く透明な暗闇が河原に漂っている。

この様子なら、天候が急変する心配もなさそうだ。

と、――どこからか『くっくっ』と、人が笑うような声が聞こえた。

（またか）と、懐中電灯を点けて覗きに行ったが、人影は見当たらない。

ただ、今度は男性用の腕時計を拾った。

高級感のある腕時計で、耳に近づけるとカチカチと音がした。

それを持ってテントに戻ると、数分後にまた人の話し声が聞こえてきた。

「結局、何回往復したかな。声が聞こえて見に行くと、必ず地面に何かが落っこちていてね。ジッポとか……指輪なんかも拾ったかな」

夜も更け、そろそろ寝ようかとテントに入ると、話し声は聞こえなくなった。

が、その代わり、テントの周りで足音が聞こえるようになった。

〈パキッ、ポキッ〉と、近くの地面で小枝を踏む音がするのである。
（……しつこいな。今度は足音か）
億劫ではあったが、テントを抜け出して様子を見にいった。
すると、焚火の明かりが僅かに届く辺りに、何かがある。
近づくと、それは男性用の革靴だった。
きちんと揃えられた革靴が、焚火の光に照らされて、ゆるゆると黒光りしている。
（何だ、これ？　気味悪いな）
さすがに他人の革靴を拾うつもりはなく、そのままテントへ戻った。
いつの間にか、小枝を踏む足音も聞こえなくなっていた。

翌朝、テントから出て、神田さんは我が目を疑った。
焚火の傍に置いてあった拾得物が、すべてボロボロに錆びていた。
新品同然だった腕時計は茶色く変色し、風防も丸ごと外れてしまっている。
ネックレスや指輪といったアクセサリー類も、錆で汚れていた。
――これ、全部……誰かの遺留品なんじゃないか？
そのことに気づくと、無性に怖くなった。

慌ててテントを片付けて、神田さんはキャンプを切り上げることにした。
渓谷を離れる直前、ふと昨晩見つけた革靴に目が留まった。
革靴は表面が骨のように白化し、左右ばらばらに散らばっていたという。

「で、帰ってから何人かの友達に、この話をしたんだよ。そしたら、前に筋モノやってた奴が『多分そこ、裏稼業の連中が死体を埋めてんだよ』って、教えてくれたんだ。まぁ……それも、不法投棄には変わんないけど」

その後、神田さんは山の所有権を売りに出すことにした。
どうせ買い手はつかないと予想していたが、思ったより早く売却できたのだという。
そのため、神田さんは現在、あの山との関りを一切持っていない。

投身自殺

行きつけの居酒屋で、明美さんという三十代の女性と知り合った。

聞くと、彼女は以前キャバクラで働いていたらしく、その頃に幾つか奇妙な体験をしているのだという。


「よく、幽霊より生きている人間のほうが怖いなんて言うじゃない？　でも……私は、どっちもどっちかなって思うのよ。何でかって言うとね」

とろりとした酔眼をグラスに落とし、彼女はこんな話を語ってくれた。


当時、明美さんは歌舞伎町にあるキャバクラに勤めていた。

近隣に姉妹店が幾つかある、有名な高級店だった。

明美さんはそこで、指名率の上位を稼ぐ人気のキャバ嬢だったのだという。

「私は結構長く勤めたほうかなぁ。ああいう店に在籍し続けるのって、大変なのね。もちろん、客ウケもあるけど……他の娘たちとも、上手くやらなきゃいけなくて」

明美さんは朗らかな性格で、人から好かれるタイプである。

そのためか、キャバ嬢同士の軋轢に煩わされることも少なかったという。


いまから、十数年前。

彼女が勤める店に、レイコという新人のキャバ嬢が入店してきた。

容姿端麗な細身の女性で、年齢は二十代前半。

明美さんは彼女をひと目見るなり、(この娘、売れるな)と直感したそうだ。

「実際、レイコは美人ってだけじゃなくて、客あしらいも上手かったのよ。聞いたら、以前はガールズバーに勤めていたっていうから、接客が身についていたのね」

予想した通り、短期間でレイコは一番人気のキャバ嬢に成り上がった。

だが、周囲には奢った素振りを見せず、態度は至って謙虚だった。

そして明美さんは、いつしか彼女と交遊するようになった。

最初は挨拶を交わす程度の間柄だったが、やがてお互いに打ち解け合い、店の外でも遊ぶようになったのである。

「と言っても、たまに買い物したりするくらいだったけど……それでも、他の娘たちよりは仲が良かったと思う」

無論、お互いが同業者だと、割り切った上でのつき合いだった。

ある日のこと、仕事帰りに喫茶店で駄弁《だべ》っていると、レイコのスマホが鳴った。
どうやら、同棲中の彼氏が迎えに来ているらしい。
「じゃあ、挨拶でも」と一緒に外に出ると、犬を連れた男性が歩道に立っていた。
見るからにチンピラ風の装いをした、若い男だった。
襟を立てたスエットの胸元に覗くネックレスが、彼の品性を雄弁に物語っている。
明美さんは挨拶をしつつ、（ヒモか、半グレの下っ端）と値踏みをした。
会釈も返さない男の態度を見ると、その推測は凡そ間違っていないようだ。
と、そのとき——突然、男が自分の犬を蹴り上げた。
ドーベルマンだろうか、血統の良さそうな犬が〈きゃん〉と弱々しい悲鳴を上げた。
まるでサッカーボールでも蹴るような行為だが、相手は自分のペットである。
それを見た明美さんは、驚愕を隠せなかったが——
更に彼女を驚かせたのは、レイコの振る舞いだった。
彼女はその場で右往左往する犬に向かって、火のついた煙草を投げつけたのである。
煙草は背中で跳ねただけだったが、それが意味することは明白だった。
レイコとその彼氏は、飼っている犬を虐待していたのである。

「私、レイコがそんな娘だなんて思ってなかったから、唖然としちゃって……それにあの犬、凄く痩せてたのね。餌も碌にあげてないみたいで、可哀そうに思えて」

その場では何も言わずに別れたが、翌日レイコに飼い犬のことを問い質した。

すると、彼女は悪びれる様子もなく、虐待を認めたのだという。

「あの犬、ぜんぜん可愛くないし……吠えて、五月蠅《うるさ》いのよね」

そう言って、あっけらかんと笑うレイコに、返す言葉が見つからなかった。

「多分あの娘、虐めるのが目的で犬を飼っていたんじゃないかしら。話の端々から、そんな様子が伺えたわ」

そんなことがあってから、明美さんはレイコを疎んじるようになった。

だが、彼女が飼っている犬のことは気掛かりである。

そのため、明美さんは時折、それとなく犬の様子を聞き出したそうだ。

「大丈夫、ちゃんと餌やってますから。犬なんて、それで十分でしょ」

木で鼻を括ったような態度で、毎回同じ返事が返ってきた。

が、あるときレイコが、自分から飼い犬の話題を振ってきたことがあった。

「この間、あの犬、死んじゃってぇ」

半ば予想していたことだったが、軽薄なレイコの言葉に凍りついた。

「前の休みに、彼と海に行ったんですよ」
土産話でもするように、レイコは飼い犬について話し始めた。
その日、彼らは飼っている犬を車に乗せて、ドライブへ出かけたらしい。
途中、海沿いの駐車場で休憩を取り、見晴らしの良い岸壁で犬を散歩させた。
すると突然、犬が暴れてリードを外し、崖から飛び降りてしまったのだという。
「犬って、飛び降り自殺するんですね。私、驚いちゃってぇ」
そう言って嗤うレイコに憤ったが、どうすることもできない。
他人が飼っている犬を救う手立てなど、最初からなかったのである。
その後、レイコが新しい犬を買ったらしいと、他のキャバ嬢から伝え聞いた。
愛らしい小型の室内犬だというが、明美さんは興味を持てなかった。
これ以上、レイコと関わりたくなかったのである。

それから、三ヵ月ほどが過ぎた頃のこと。
レイコがキャバクラを無断欠勤した。
出勤時間になっても店に現れず、また何の連絡も寄こさなかった。
店長は腹を立てたが、そこの店では罰則を設けていない。

翌日も、そのまた翌日も、レイコは店に来なかった。

その間、店長は何度も電話をしたが、連絡が取れないようだった。

「キャバクラの客って、贔屓にしているキャバ嬢が目当てだから、『休んでるから、別の娘で』って訳にもいかないのね。だから、店長が怒っちゃって」

しかし、四連続で欠勤した日の深夜に、レイコがふらりと店に現れた。

店長は彼女を事務室に呼び、欠勤の理由を説明させたのだという。

明美さんはそのときの様子を、後に店長から詳しく聞き出したそうだ。


「家に帰ったら、彼氏が自殺していて……その後も、大変だったんですよ」

開口一番に、レイコが言った台詞である。

五日前、彼女が仕事から戻ると、彼氏が血塗れで浴槽に倒れていた。

すぐに救急車を呼んだが、彼氏は既に死んでいた。

その後、彼女は三日間に渡って、警察署に拘束されたのだという。

「彼、手首を切っていたんですけど……遺体に、不審な傷があるって」

聞くと、彼氏の遺体には動物の噛み傷が無数についていたらしい。

噛み痕は大小様々で、中には致命傷ではないものの内臓に達している傷もあった。

そういった幾つかの不審点に着目し、警察は同棲相手のレイコに事情聴取をしたというのである。

「でもさ、お前、新しい犬を飼っていただろう。その犬が噛んだんじゃないのか？」

それまで黙って聞いていた店長が、不審そうな声を上げた。

飢餓状態のペットが、飼い主の遺体を食べたという話なら、以前聞いたことがある。なので、警察がレイコを疑うのはお門違いではないかと、店長は言ったのだ。

が、「それは違う」と、彼女は首を横に振った。

「あんな弱い犬、すぐ死んじゃったし……それから犬なんて、飼ってないんですよ」

彼氏が自殺をしたとき、部屋に犬はいなかったと彼女は言うのである。

「それなのに、遺体に噛み傷があるなんて言われたんですけど……そんなはずないじゃないですか？」

不満そうに口を尖らせるレイコを見て、店長はただ呆れるばかりだった。

「で、その後、レイコは暫く店で働いていたんだけど、結局ひと月くらいしたら辞めちゃったの。っていうのは……」

レイコを指名した客から、妙なクレームが入るようになった。

店の中で、異臭がすると言うのである。

「あのレイコって娘、獣みたいな臭いがしたぞ」と、直接店長に文句を言う客もいた。

また、店内で犬の鳴き声がすると騒ぐ客もいたという。

調べると、それは決まってレイコが出勤する日に起こっていた。

「あいつ、犬に祟られてんだよ……多分、相当な数の犬を虐め殺したんじゃないか?」

顔を顰めた店長が、小声で明美さんに漏らした。

やがて、レイコの指名率が落ちてくると、店長は早々に彼女を解雇した。

「それからあの娘、都内のキャバクラを転々としていたようだけど……どこも長続きしなかったみたい。噂じゃ、ソープに転向したって聞いたわ」

そこまで話すと、明美さんは「ねっ、人も幽霊も怖いでしょ?」とお道化《どけ》てみせた。

ぴんぴょーろ

いまから四年ほど前、沙織さんは流産をした。

妊娠して、五ヵ月目のことだった。

すでに名前も決めており、また希望していた女の子だったこともあって、彼女の落胆ぶりは相当なものだったという。

「生んであげられなかったのが、唯々《ただただ》あの子に申し訳なくて……私がもっとしっかりしていればって、心の中でずっと謝り続けていました」

流産した子の葬儀を終えた後も、自責の念が和らぐことはなかった。

自らを責め苛《さいな》みつつ、亡くなった子に謝り続けていたのである。

そうすることでしか心の均衡を保てなかったのだと、彼女は当時を振り返る。

やがて、夫から「水子供養に行こう」と誘われた。

水子供養をやっている寺で、改めて我が子の冥福を祈ろうというのである。

「私が憔悴していたので、夫が気を遣ってくれたんだと思います。元々、信心深い人でもないし。でも、亡くなったあの子が、それで報われるならと思って」

沙織さんは、夫の勧めに従うことにした。


亡くした子の四十九日が近づいた、ある日。

沙織さんは夫に連れられて、隣県にある寺を訪れた。

広い境内に質朴とした伽藍を持った、由緒正しい古刹だったという。

受付所を訪《おとな》うと本堂に案内されて、住職が我が子を弔ってくれた。

供養が終わって境内に戻ると、手水の向こうに地蔵菩薩があることに気づいた。

赤子を抱いた容姿の石像で、台座には水子地蔵尊と彫ってある。

同じ境遇の親御さんが訪れるのか、像の前には菓子や玩具が供えられていた。

自然と足が向いて、沙織さん夫妻は静かに地蔵像に手を合わせた。

祈るのは、亡くした我が子の冥福である。

すると、耳元で――『ぴんぴょーろ』と言われた。

幼い女児のような、たどたどしくも愛らしい声音だった。

だが、周囲を見回しても、子供の姿はない。

「でも……そのとき私は、きっと亡くした子が話し掛けてくれたんだと思ったんです。夫には聞こえなかったみたいだけど、何か伝えたいことがあるんじゃないかって」

ただ、『ぴんぴょーろ』が何なのか、沙織さんは知らなかった。

そこで彼女は、自宅のパソコンで『ぴんぴょーろ』を検索してみたのだという。

が、ヒットする言葉はない。

それでも検索を続けていると、ひとつだけ関係のありそうなものが見つかった。

『ピョンピョン○ッピー』という商品名の、小さな玩具だった。

「それ、リモコンで動く、ウサギのぬいぐるみなんですけど……ウェブを見て、『これだ！』って思ったんです。間違いなく、あの子はこの玩具が欲しいんだって」

その商品名が『ぴんぴょーろ』という言葉と、似ていないことはわかっている。

だが彼女は、亡くなった子供がこの玩具を欲しがっていると確信していた。

我が子を想う母の心が、そう直感させたのかもしれない。


沙織さんが寺を再訪したのは、注文した玩具が届いた翌日のことだった。

その日、夫は外せない仕事があったので、沙織さんはひとりで寺を訪れた。

平日の昼前、寺内には人の姿が見えない。

早速、水子地蔵像に玩具を供えると、決めていた我が子の名前で語りかけた。

（○○ちゃん、欲しがっていたウサちゃん、持ってきたよ。天国で一緒に遊んでね）

母として、我が子に何もしてあげられなかったという想いは、依然として強い。せめて天国で幸せに暮らして欲しいと、それだけを願ったのである。

すると、耳のすぐ傍で『ありがとう』と言う声がした。

その声は――いままで聞いたこともない、野太い男性の声だった。

「えっ？　いまの、誰？」

驚いて後ろを振り返ったが、近くには誰もいない。

境内から墓地へと繋がる側道の、寂寞《せきばく》とした風景が続くだけである。

「……あの声、私の子じゃなかったんだ」

水子地蔵像の前で、彼女は呆然と立ち尽くしたのだという。


「でも、あのことがあってから、何かが吹っ切れたような気がするんです。子供を産めなかったのは悲しいけど、いつまでも引き摺ってはいられないって」

彼女はいまでも、亡くした子の命日には必ず水子地蔵を訪れている。

だが、あの日以来、奇妙な声を聞いたことはない。

舌禍

ある晩、知り合いがやっている小料理屋で呑んでいたときのこと。

女将の佐和子さんから「ちょっと、聞いて欲しいんだけど」と、声を掛けられた。

気がつくと、いつの間にか店に客がいなくなっている。

酔い覚ましに水を頼んでから、話を聞かせて貰うことにした。


佐和子さんの店には、好美さんという常連客がいる。

年齢は三十を少し過ぎた辺りだが、笑顔が魅力的な可愛らしい女性だという。

聞くと、彼女は結婚願望が強く、以前から婚活に力を入れているらしい。

が、中々これといった相手が見つからず、時々店で愚痴ることもある。

「でも、ある日、好美ちゃんが彼氏連れで来てくれたことがあったの。三年くらい前かな。彼女、それまで彼氏がいる素振りも見せていなかったから、驚いちゃって」

彼氏の名はTといい、中央省庁に勤める国家公務員だった。

好美さんと近い年齢で、身長が高く、容姿も悪くない。

（好美ちゃん、良い彼氏が出来たのね）と、佐和子さんは素直に喜んだそうだ。

が、接客を始めるとすぐに、その気持ちは冷めてしまった。

幾らか言葉を交わしただけで、Tの性格に問題があると気がついたからである。

「Tって、とにかく他人との会話が駄目だったのね。言わなくても良いようなことを、サラッと言えちゃう人だったのよ」

最近メディアに登場する著名人たちに似ていると、佐和子さんは言う。

専門外の分野でも強弁し、論破したと言い張るタイプの人間なのだという。

例えばTは、佐和子さん相手に「調理の手際が悪い」だの、「この料理は、本場と味が違う」などと言い詰めたりする。

迷惑なだけの行為だが、本人がそれと自覚している様子はない。

「多分、『誰にでも指摘することができる、自分は賢い』なんて、思い込んでいたんじゃないかしら……端から見ると、相当馬鹿っぽかったけど」

一方で好美さんは、普段よりも口数が少なかった。

彼氏の放言を諫《いさ》めもせず、申し訳なさそうに黙々と料理を口に運ぶだけである。

ただ、その日の夜遅くに、好美さんから電話があった。

聞くと、店内でのTの不躾な態度について謝りたいのだという。

そして彼女は、謝罪をしながらも「彼のこと、どう思いますか?」と、つけ加えるように聞いてきたのだという。

「この先、つき合い続けるには、かなり覚悟がいるんじゃない?」

佐和子さんが率直に言うと、好美さんは否定もせず、お詫びの言葉を重ねた。


それから、半年ほどが過ぎた頃のこと。

久しぶりに好美さんが、ひとりで来店してくれた。

彼女を心配していた佐和子さんは、それとなくTとの交際について訊ねてみた。

「彼、○○省を辞めたんです。それで、すごく落ち込んじゃって……」

好美さんは、Tが退職したことを彼の両親から聞かされたのだという。

以前から、Tの〈放言癖〉は省内でも問題になっていたらしい。

加えて、数名の職員が「Tからパワハラを受けた」と、上司に訴えていたようだ。

それで立場の悪くなった彼は、退職せざるを得なくなったのである。

もっとも、中央省庁からの天下りともなれば、仕事探しに困ることもない。

とんとん拍子に就職先が決まり、その出勤初日。

Tは出社するどころか、その日以降、実家に引き籠ってしまった。

何日経っても自室から出てこず、出社する気配も見せない。

そのため、彼の両親が「助けて欲しい」と好美さんに泣きついたのである。

「好美ちゃん……俺、もうダメだ」

彼女の姿を見るなり、Tが弱音を吐いた。

両頬が落ち窪んだ顔には生気がなく、瞳にはどんよりとした鈍い光が澱んでいる。

「大丈夫。Tさんなら仕事先なんて幾らでもあるし……また、やり直せるよ」

「……でも、もう声が聞こえないんだ。俺、どうしたら良いかわからなくて」

「えっ、どういうこと？　私の声、聞こえてないの？」

問い返した好美さんに、彼は「違う」と否定したという。

どうも話が噛み合わないので、好美さんは落ち着いて彼の話を聞くことにした。

そのとき、彼女が説明された内容は、こうだ——


幼少の頃から、Tには不思議な力があったのだという。

日常の生活をしていると、時々誰かの声が聞こえてくるというのである。

が、周りを見回しても、人はいない。

その声は、幼かったT少年に様々な助言を与えてくれた。

小学校に上がった頃、その声が自分にしか聞こえていないのだと、気がついた。

が、別段それを異常だとは感じなかった。

幼い頃からのことなので慣れていたし、何よりも——

その助言には、間違いがなかった。

例えば試験のとき、声に従って解答を書けば、簡単に満点を取ることができた。

また、学校でいじめられたときにも、解決する方法を教えて貰った。

声が言う通りに行動すれば、何もかもが上手くいったのである。

そのうち、Tはその声の主を〈ご先祖様〉だと考えるようになった。

自分は〈ご先祖様〉に守られているのだと、信じ込んだのである。

事実、彼は〈ご先祖様〉に指示されるまま有名大学へ進学し、官僚になってからも順調に出世街道を歩んできたのである。

が、三ヵ月ほど前、突然〈ご先祖様〉の声が聞こえなくなった。

『お前はもう、喋るな』と言われたきり、話し掛けてくれないのだという。

そのことで、Tは酷く狼狽《うろた》えた。

仕事や日常生活で失敗が続き、何をやっても上手くいかない。

〈ご先祖様〉の助言を失い、自分が（何を、どうしたら良いのか）わからなくなってしまったのだと、Tは涙ながらに打ち明けた。

――が、好美さんは、俄かにはTの告白を信じることができなかった。

（先祖の声が聞こえるなんて、あり得るのかしら？）と、半信半疑だったのである。

だが、彼氏であるTを放ってもおけず、「一緒に頑張ろう」と心から励ました。

その後、二ヵ月ほどして、好美さんが再び佐和子さんの店を訪れた。

だが、以前にも増して彼女の表情は暗くなっていた。

「Tさん、自殺しちゃったんです……彼をこの店に連れてきたこともあったし、佐和子さんには伝えておこうと思って」

――Tの自死を伝えてきたのは、彼の父親だった。

ドアノブに紐を掛けて首を吊ったのだと、言葉少なに説明したのである。

その電話の直後、好美さんの部屋に数名の警察官がやってきた。

彼らは「話を聞かせて欲しい」と言い、好美さんに警察署への同行を要請した。

そして彼女は、五時間にも及ぶ事情聴取を受けたのだという。

が、幾ら交際相手だとはいえ、なぜ自分が取り調べを受けなくてはならないのか、好美さんは疑問に思ったという。

その理由がわかったのは、近親者のみで行われたTの葬儀においてだった。

火葬場の控室で、彼女は〈警察で取り調べを受けた〉ことをTの親戚に漏らした。

すると、親戚のひとりが「だろうね」と、訳知り顔に言った。

――Tの奴、自分の口を糸で縫っていたんだ。そりゃ、警察も不審死を疑うよ。

そう教えられ、好美さんは強いショックを受けたのだという。


「私……まさかTさんが、自分の口を縫っていたなんて、思いも寄らなくて」

沈痛な表情で語る好美さんに、佐和子さんは掛ける言葉が見つからなかった。

が、彼女を慰めない訳にはいかない。

慎重に言葉を選んで、佐和子さんは感じたことを言葉にした。

「きっとTさん、すごく後悔していたのね」

自らが招いた舌禍を悔やんで口を縫ったのだろうと、Tの心境を慮ったのである。

しかし、好美さんはすぐさま首を横に振った。

恐らく、Tは後悔して自死したのではないと、彼女は言うのである。

「というのは……先日彼の実家で、私宛の遺書が見つかったんですけど」

その遺書には、こんなことが書かれていた。

『好美ちゃん、結婚できなくてゴメン。昨日、御先祖様から〈死ね〉って言われた。だから俺、死ななきゃいけないんだ。それに〈喋るな〉って言われているから、口も縫わなくちゃ。でも俺、ホントは死にたくない。好美ちゃん、助けて』

好美さんはそこまで話すと、瞳から大粒の涙を溢した。


最近も好美さんは、佐和子さんの店に顔を出しているそうだ。

ただ、あれ以来、彼女がTについて話したことはない。

佐和子さんも気を遣い、当時の話題には触れないようにしている。

時の流れが心の傷を癒すまで、過去を振り返る必要はないと佐和子さんは言う。

「でも……好美ちゃんから聞いた、Tがご先祖様に導かれていたって話、私は怪しいと思っているのよ。だって、普通は御先祖様が子孫を殺そうとはしないでしょ?」

——だから、あれって本当はご先祖様じゃなくて、もっと別のものじゃないかしら。

そう呟くと、佐和子さんは忌々しげに長い溜息を吐いた。

約束

イベンターをやっている友人の紹介で、井岡さんという男性に取材をさせて貰った。

井岡さんは背が高く、がっしりとした体格の男性だった。

ただ、脚に不具合があるようで、歩くのに松葉杖を使っている。

聞くと、私の友人と彼とは、東京で開催されたパラリンピック関連のＰＲイベントで知り合いになったらしい。

「怖い話を集めているんですってね。僕なんかの話でよければ、使ってください」

そう言って、井岡さんはご自身の体験談を語ってくれた。


「僕、八年ほど前に脳卒中で倒れましてね。当時はすごく太っていたし、まぁ、長年の不摂生が祟ったんですね」

当時、井岡さんはとある機械メーカーで、システムエンジニアの職に就いていた。

業績の良い有名な巨大企業で、相当な高給取りだったらしい。

が、その分仕事に高い品質を求められ、毎日がストレスとの戦いだったという。

「残業は多いし、ストレスも溜まるから、つい余計に食べちゃうんですよね。で、とんでもないコレステロール過多になりまして。血圧なんか、測るといつも200を軽く超えていました」

そんな状態が長く続き、ある日、井岡さんは仕事中に倒れたのだという。

応急処置が早かったために命は取り留めたが、下肢に後遺症が残った。

両脚の膝から下が麻痺し、動かせなくなってしまったのである。

医師からは、リハビリを重ねても、完全に回復する見込みは薄いと言われた。

かと言って、仕事を辞める訳にもいかない。

労災認定を受けたものの、それだけで生活することはできなかった。

「でも、困ったのは通勤なんですよ。当時はテレワークなんてないから、どうしても会社まで行かなくちゃいけなくて……」

そんなとき、会社の総務部から特例の福利厚生について説明を受けた。

〈障害者用の福祉車両を使ってみないか〉という提案で、その購入金額の大半を会社側が助成金で賄ってくれるのだという。

聞くと、その車の開発に会社が関わっているらしい。

「商品の販促を兼ねた、福利厚生だから」と、上司が補足してくれた。

その説明に胡散臭さを感じたが、断る理由はなかった。

「で、試しに試乗会に参加してみたんですけど、結構快適だったんですよ。車は5ドアのハッチバックなんですけど、自動で座席が外にスライドするので、乗り降りが楽だし……まるで映画のボンドカーみたいに、ギミック満載な車でしたね」

アクセル、ブレーキの操作は、手元のレバーで行える仕様になっていた。

ハンドルも片手で回せる工夫がしてあり、運転は難しくなさそうだ。

また、ダッシュボードには、液晶パネルが三枚も設置してあった。

これらは、車の後方全域を視認するための補助モニターなのだという。

(この車なら、朝晩の通勤が楽になる)

豊富な補助装置にも惹かれ、彼は福祉車両を購入することに決めた。

井岡さんが車通勤をするようになって、半年が過ぎた頃のこと。

ある朝、いつものように車に乗り込んだ。

すでに運転にも慣れ、毎日の通勤はこの上なく快適である。

駐車場を出て路地を抜けて、片側一車線の車道に入った。

住宅街を一直線に走る道路だが、歩行者の姿は疎らだったという。

勤め先まで、車で四十分ほどの距離である。
カーラジオを聴きながら、ゆっくりと車を走らせた。
と、――そのとき、速度に異常を感じた。
横断歩道の手前で速度を緩めようとして、なぜか車が急加速したのである。
慌てて手元を見たが、操作は間違っていない。
速度コントロールのレバーは、間違いなく〈ブレーキ〉側に押し込んである。
（おい嘘だろ、これ、ヤバいぞっ⁉）
焦って強くレバーを押したが、まったく効き目がない。
それどころか、車は更に加速してしまう。
（このままじゃ、そのうち人を轢いてしまう……）
スピードが上がり続けることを危惧した井岡さんは、咄嗟の決断をした。
左側にある民家の壁へ向かって、大きくハンドルを切ったのである。
最悪、自分は死ぬことになっても、他人を巻き込むよりマシだと考えた。
衝突の瞬間、車全体が〈パーン！〉と、凄まじい破裂音を立てた。
膨張したエアバックに顔面を叩かれ、井岡さんは一瞬意識を失った。
「後で聞いたんですけど、壁に追突したとき、かなりのスピードが出ていたらしいんです。それで……気がついたら、民家の壁が目の前まで来ていて」

どうやら、車のフロント部分がペシャンコに潰れてしまったようだ。

ガラスは粉々に割れ、窓枠がごっそりと外れ掛かっている。

胸部を強く打ったのか、息をするのも苦しい。

片手で頭部を弄《まさぐ》ると、指先がべっとりと血で濡れた。

(他に怪我は?)と足元に目を遣り——暗澹たる気持ちになった。

両脚の下腿部が〈ぐしゃり〉と潰れ、靴底が上を向いていたのである。

「追突の衝撃で座席が外れて、潰れたフロントに脚を挟んだらしくて。ただ、皮肉なことに、痛みは殆ど感じませんでした。元々、麻痺していましたから」

が、痛みはなくとも、大怪我を負っていることに変わりない。

(早く、血を止めないと……)

混乱した意識の中で、井岡さんは誰かに助けを求めようと考えた。

——そのとき、ダッシュボードのモニターが、〈ザーッ〉と突然ノイズを立てた。

三枚あるモニターのうちの、真ん中の液晶画面である。

仄暗い画面の中、灰色をした光の粒が止め処もなく騒《ざわ》めいていた。

(えっ、……何だ、これ?)

気がつくと、モニターに真っ黒な影が浮かび上がっていた。

見ていると、その影は濃度を増していき、段々と人の輪郭を形作っていく。

それは目と鼻の見分けもつかない、黒く塗り潰された人影だが——

なぜか井岡さんには、それが女性だと思えた。

『——ねぇ、あなた。右と左、どっちの脚がいらない？』

モニターから声が聞こえた。

感情のない、無機質な冷たい女の声だった。

が、その声を聞いた途端、井岡さんは——

「こんな脚、どっちもいらねーよっ‼」と、怒鳴り声を上げた。

その瞬間、真っ黒な女の顔が〈ニッ〉と嗤ったように見えた。

「そのときは、自暴自棄になっていたんですね。いい加減、リハビリにもウンザリしていたし……その上、両脚とも潰れてしまって、『もう、どうでもいいや』と思えて」

女はくるりと後ろを向くと、画面の奥へと歩きだした。

それを追うようにノイズが濃度を増していき、女の輪郭が朧げに霞んでいく。

やがて、ノイズが女を飲み尽くそうとした、その直前——

「代わりに……走れる脚が欲しいっ‼」

井岡さんは、モニターに向かって絶叫した。

決して、画面の女に願った訳ではない。

ただ、女の要求を諾々と受け入れてしまった自分が、許せなくなったのだ。

すると、――女が立ち止まり、振り向くような仕草を見せた。

が、それと同時にノイズが女を覆い尽くし、井岡さんは再び意識を失くした。


次に目が覚めたとき、井岡さんは病院のベッドに寝かされていた。

看護師に聞くと、事故から丸二日、意識を失っていたらしい。

その後、彼が受けた緊急手術について、医師からの説明があった。

――その手術で、井岡さんは両脚を切断されていた。

両膝が開放性骨折を起こしており、切り落とさなければ止血できなかったらしい。

「さすがにショックでしたが、心の奥で『やっぱり』とも思っていました。ただ、却ってそれで吹っ切れたというか……障害に負けたままでいるのは、悔しいなって」

医師の許可が出ると、井岡さんはこれまで以上にリハビリに励むようになった。

義足での歩行訓練だけではなく、全身の筋力強化も行なったのである。

やがて体重が減り、見違えるほどに身体が引き締まってきた。

そのうち、警察から事故車両についての分析結果が送られてきた。レコーダーを解析した結果、速度制御系のシステムに異常はなく、事故は井岡さんの運転ミスが主因であると結論づけてあった。

が、井岡さんはその調査内容について、特に反論をしなかった。

「そんなの『どうでもいい』って思ったんです。警察や自動車会社を責めたところで、脚は戻ってきませんから。そんなことより、早く義足を使いこなしたくて」

リハビリを続けて半年が経った頃、会社の役員から面会を求められた。

話を聞くと、その役員には義肢装具士の友人がいるらしい。

社内で井岡さんのことを聞き、友人を紹介したいと申し出てくれたのだ。

後日、義肢装具士に面会すると、「パラスポーツ用の義足を使ってみてはどうか？」と勧められた。

「板バネって言うんですけど、パラのアスリートが使う義足を、僕のために作って貰えるって話で……まぁ、上手く使えるかわからないけど、挑戦してみたいと思って」

数ヵ月後、スポーツ用の義足が仕上がると、早速それを試してみることにした。

運動場を借り、競技用のトラックを走ったのである。

結果、井岡さんは軽々と四百メートルの距離を走り切ってみせた。

そして、その場に立ち尽くしたまま、子供のように泣きじゃくったのだという。

「自分の力で走り切れたことが、唯々嬉しくて。両足を切断したことで、絶望を感じるときもあったけど……でも、頑張れば克服できるって、証明できたから」

リハビリのトレーナーに肩を叩かれるまで、井岡さんは泣き続けた。


月日は流れたが、いまでも井岡さんは同じ会社で働き続けている。

ただ、最近になって広報部に転属となり、仕事の内容も変わったそうだ。

会社がパラリンピックに関係したため、その担当窓口として選任されたのである。

「ただ、いまも不思議に思っていることがあるんです。あんなにリハビリを嫌がっていた自分が、よくここまで回復できたなって。そう考えると、あのときモニターに現れた女が、ちゃんと約束を守ってくれたんだって……そんな風にも思えるんです」

そう言うと、井岡さんは曲げた指で脛を軽くノックしてみせた。

そこからは〈コンコン〉と、乾いた音がした。

あとがきに代えて
～ある日の取材風景～

――――取材用ノートを元に再現。

某月某日。○○さん（店主）の居酒屋にて。
客は大沢さん（男性）、小暮さん（女性）、もう一名（女性、名前不明）の三名。
三名はテーブル席。自分（筆者）はカウンター。
○○さんの紹介で、大沢さんたちと仲良くなった。
話をするのは、今回で三回目。
雑多な話で盛り上がった後、『幽霊を見たことはないか？』と質問をした。
（怪談を集めていることは、前回伝えてある）
大沢「お化け？　そんなのは、見たことはないなぁ」
筆者「まあ、そうですよね。大体の人は、見たことがないって仰いますよ」

大沢「いや、俺はないけど……そういや、この間そんなこと言われたな」
小暮「嫌だ〜。怖いからやめてよ」
（メモ：小暮さんは怖い話が嫌いらしく、話を遮ってくる。要注意人物）
筆者「大雑把でいいので、教えてくれますか？」
大沢「まぁ、俺が見た訳じゃないし。そんなに怖い話じゃないから」
（大沢さんが、小暮さんを宥めてくれる）
大沢「この間、知り合いの同業者から電話があったんだよ。二ヵ月くらい前かなぁ。んでさ、何か声が震えていて、『どうかしたか？』って聞いたら、いまさっき部下の社員と一緒に、受注した屋敷の内装工事に行ったって言うんだよ」
（追記：大沢さんも内装工事業者。同業者に顔が利くとのこと）
大沢「でね、工事やってる最中に『出た』らしくてさ。それで、仕事道具をほっぽり出して、ふたりで逃げてきたって言うんだよ。だから『仕事道具、取りに戻らなきゃいけない』なんて、泣き言ほざいてやがって」
筆者「マジですか？　その屋敷ってどこにあるんですかね？」
大沢「近くに、○○町ってあるだろ。そこの○○番地にある空き家なんだけどさ」
小暮「あ〜、そこ知ってるわ。廃墟で、誰でも入れるから危ないのよ」

（メモ：なぜか小暮さんが話に割り込んでくる。耳を塞いでいたのでは？）
筆者「そうなんですか。で、その内装工事の人たちって、一体何を見たんですかね？」
大沢「いやぁ、それがな、教えてくれないんだよ。俺も気になるから、何度も聞いたんだけど、『怖いから、言いたくない』って言って」
筆者「そうですか……でも、『出た』って言うくらいだから、お化けなんですかねぇ？」
（メモ：あまり、しつこく聞けない。ただ、せめて幽霊が出たのかどうか、確認を取りたい。これでは、怪談にならない）
筆者「もし、都合が悪くなければ、そのおふたりの連絡先を教えて頂けませんかね。決して、ご迷惑をお掛けしませんので」
大沢「……そりゃあ、無理だな」
筆者「そうですか。やっぱり、迷惑ですかね？」
（メモ：大沢さんは困ったような顔をした）
大沢「そうじゃなくて……ふたりとも死んじまったんだよ。俺に電話くれた、その日の晩にさ。だから、電話できないんだよ」
（思わず、「マジかっ！」と叫んだ）
小暮「近所でも有名だよね、あの建物。すごく、おっかないって」